_____ 님께

_____ 드림

리더를 위한 세상의 지식
3. 상식편

개정판 1쇄 발행 2023년 2월 10일

지은이 이형기
펴낸이 장길수
펴낸곳 지식과감성#
출판등록 제2012-000081호

교정 서은영
디자인 이현
편집 이현
검수 김지원, 윤혜성
마케팅 정연우

주소 서울시 금천구 벚꽃로298 대륭포스트타워6차 1212호
전화 070-4651-3730~4
팩스 070-4325-7006
이메일 ksbookup@naver.com
홈페이지 www.knsbookup.com

ISBN 979-11-392-0905-1(03030)
값 13,000원

- 이 책의 판권은 지은이에게 있습니다.
- 이 책 내용의 전부 또는 일부를 재사용하려면 반드시 지은이의 서면 동의를 받아야 합니다.
- 잘못된 책은 구입하신 곳에서 바꾸어 드립니다.

지식과감성#
홈페이지 바로가기

The knowledge of the world for leaders

개정판

리더를 위한
세상의 지식

3
상식편

PROLOGUE

―――――― 프롤로그 ――――――

　미국 건국의 아버지 '벤저민 프랭클린'은 '인생의 가장 큰 비극은 우리는 너무 일찍 늙고 너무 늦게 현명해진다는 것'이라고 말했다. 저자 역시 공감을 한다. 젊은이들이 인생에 대해 어느 정도 알고 인생길을 가야 하나, 실제는 그렇지 않기에 너무 안타깝다. 우리는 인성교육, 인생교육뿐만 아니라 지식교육마저 부족한 상태에서 인생길을 떠나고 있기 때문이다.

　그러다가 나이 들어 세계사를 다시 읽고 싶을 때가 있어도 엄두를 못 내고 포기하는 경우가 많다. 역사뿐이랴. 종교, 경제, 위대한 문학, 예술에 관한 지식도 다시 한 번 정리해 보았으면 하지만 마음과 달리 쉽지 않다. 그러나 리더의 위치에 벌써 와 있거나, 혹은 그러기 위해 앞으로의 삶이라도 가득 채우고자 더 늦기 전에 폭넓은 지식을 갖추고 싶어진다.

　시간에 쫓기는 현대인들에게 이런 욕망을 어느 정도라도 해결할 수 있도록 과거, 현재, 미래 세상사의 중요 부분들을 한 권의 책으로 압축할 수는 없을까? 담대해도 너무 허황할 정도의 담대함을 부리는 것으로 생각되어 포기할까도 했다. 그럼에도 그 욕망의 일부분이라도 채워 줄 지식을 발췌해 보고자 감히 작업을 시작했다.

　세계를 제패한 로마제국과 몽골의 흥망성쇠 원인은? 유럽이 오랫동안 문명이 앞섰던 아시아를 추월할 수 있었던 동기는? 인류를 위해 큰 공적을 쌓은 에디슨, 벨, 록펠러의 회사들은 지금 어떤 기업으로 발전했나? 세상은 누가 움직이고 있었던가? 위대한 선각자들은 순간의 세월을 어떻게 살아야 한다고 했던가? 650여 개의 해답을 정리하면서 반성되어야 할 부분과 독자에게 감동을 줄 수 있는 부분들을 좀 더 돋보이게 하면서 정리해 보았다. 시원한 해답을 주지 못할지라도 당신의 궁금증을 상당 부분 해소할 수 있다면 엮은이는 보람을 느낄 것이다. 어쩌면 당신이 할애할 수 있는 시간에 맞추어 읽기에는 적절할 수도 있기 때문이다.

일부 자료는 삼사십 년 전부터 메모해 모아 놓은 것을 공개하면서 힘차게 원고작성에 매진해 보았다. 자료가 일부 거칠게 다듬어진 부분이 있을지라도 사회를 이끌어 가는 리더 분들께 도움이 되었으면 한다.
중간 중간 밑줄을 그어 놓은 것은 중요도에 맞추어 그어 놓은 것이 아니라 독자가 기억하였으면 하는 것을 표시해 놓은 것으로 해석해 주기 바란다.

리더분들께 부탁하고 싶은 것은 미국 건국의 아버지 벤저민 프랭클린, 일본경제 발전의 초석 시부사와 에이치, 현대 경영학의 아버지 피터 드러커에서 리더의 자질과 역할을, 민주주의의 요람 아테네의 교훈에서 리더의 중요성을 새겨주기 바란다.

끝으로 이 책의 원천이 된 훌륭한 많은 저서의 저자 분들, 대중 매체, 이 책의 출간을 도와준 모든 분들께 깊은 고마움을 느끼면서, 이 책을 읽는 모든 리더께 "국가와 사회, 타인을 먼저 배려한 사람들이 역사에서 빛을 발하고 있다."고 말하고 싶다.

연희동 우거에서
엮은이 **이 형 기**

CONTENTS

— 차례 —

01 인류의 주소와 물질의 형성 8
02 역사상 최고의 부자 10인 12
03 기업의 역사 16
04 유명 건축물의 건축기간 20
05 문명의 혜택 순서 24
06 최후의 멋 27
07 커피의 유래 33
08 독일군(나치)의 제복 39
09 화폐의 초상으로 본 인물 40
10 인류가 파낸 금의 총량 46
11 마천루(엠파이어스테이트 빌딩 등) 50
12 석유 시추 52
13 자주색 염료 56
14 세계 부자들의 씀씀이 59
15 국가별 면적 크기순 63
16 국가별 인구(명)순 64
17 세계 제국의 크기순 65
18 문명의 역사 67
19 세계의 이민 71

20	산업혁명의 새로운 기술 세 가지	73
21	전사상 대승	74
22	뉴욕	77
23	세계에서 가장 오래된 기업	78
24	에너지의 총량	79
25	소금	81
26	면직물	83
27	옥스퍼드대학교	86
28	세계적인 로비단체	88
29	노동시간	89
30	부모를 잃는 비율	90
31	세계 인구의 추이	95
32	세계 동물 수	96
33	국가별 노벨상	97
34	유명 체인 스토어	98
35	강입자 가속기 LHC	103
36	퍼스트 클래스 승객	108
37	세계 각국 식사 예절	112
38	75년간의 연구	116
39	리더의 중요성	118
40	유명인의 수명	120
41	간추린 건배사	122
42	사랑의 밀어	124
43	가려 뽑은 암송시	125

색인 137

01
인류의 주소와 물질의 형성

* 인류의 주소

우주에는 약 천억 개의 은하계(지름이 약 10만 광년 크기), 은하계에는 약 천 억 개의 별, 그중 태양계(은하의 중심에서 약 3만 광년 떨어짐) 속 지구에 존재

* 물질의 탄생

135억 년 전: 물질과 에너지 등장
45억 년 전: 지구 형성
38억 년 전: 생명체 출현

* 지구

지구의 직경: 12,800km(태양의 직경은 100배가 넘는 1,390,000km)
지구의 둘레: 12,800km×3.14 = 40,192km
지구에서 달까지 거리: 384,400km
지구 표면: 약 5억 1천 만km², 이 중 1억 5,500만km²가 육지

* 지구 주위 위성들의 직경

금성: 12,100km
화성: 6,790km
목성: 143,000km

* **태양으로부터의 가까운 순서**
수성, 금성, 지구, 화성, 목성, 토성, 천왕성, 해왕성

지구

∗ 인류의 탄생

650만 년 전: 직립 인류의 탄생(약 400만 년 전의 여성화석 존재)

250만 년 전: 호모 사피엔스(뜻: 지성인) 진화, 도구를 만듦

200만 년 전: 아프리카에서 유라시아로 퍼짐

30만 년 전: 불 사용

7만 년 전: 인지혁명, 언어 사용

4만 5천 년 전: 호주에 정착

1만 6천 년 전: 아메리카 대륙 정착

1만 2천 년 전: 농업혁명

2천 5백 년 전: 주화의 탄생, 페르시아 제국, 인도의 불교

2천 년 전: 중국의 한 제국, 로마 제국, 기독교의 전파

1천 4백 년 전: 이슬람교 탄생

5백 년 전: 과학혁명

2백 년 전: 산업혁명

∗ 인류 최초의 신전 '괴베클리'

1만 1,000년 전(BC 9000년) 인류 최초의 신전이며 인류 최초 최대 규모의 건축물(터키 아나톨리아 동부소재)이 1996년 본격 개발 후 2011년에 개방

∗ 쟁기의 역사

BC 3500년경 메소포타미아와 이집트에서 사용되었고 처음에는 나무로 만들어졌음. 1-2세기 뒤에 농작물의 생산량을 20-50배까지 증가시킴.

* 바퀴의 역사

인류 역사상 650만 년 동안이나 바퀴가 없다가 BC 3400년 경 흑해 부근에 처음 나타나서 그로부터 몇 세기 이내에 유럽과 아시아의 많은 지역에서 나타남. 초기의 바퀴는 널빤지 석 장을 짜 맞추어 둥글게 깍은 원판이었음.

* 바구니와 직물

가장 오래된 바구니는 약 1만 3천 년 전의 것이며 가장 오래된 직물은 약 9,000년 전의 것임.

* 최초의 과실수

BC 4000년 경에 올리브, 무화과, 대추야자, 석류, 포도 등이 작물화됨.

* 연대측정법

고고학자들은 유적지에서 발견한 탄소가 함유된 물질에서 '방사성 탄소 연대 측정법'과 '가속기 질량 분광분석법'을 사용하여 연대를 측정함

02
역사상 최고의 부자 10인
(미국 경제지 포브스 2022년)

1위: 만사무사(1280-1337, 아프리카 말리 왕) 세계 최다 금 생산
2위: 아우구스투스(BC63-AD14, 로마황제) 4조 6,000억 달러
3위: 신종(1048-1085, 중국 송나라 황제) 세계 생산의 25-30% 달하는 제국 통치
4위: 악바르 대제(1542-1605, 인도 무굴제국 황제) 세계 생산의 25% 달하는 제국
5위: 엔드류 카네기(1835-1919 미국 강철왕) 3,720억 달러
6위: 존 록펠러(1839-1937 미국 석유왕) 3,410억 달러
7위: 로마노프(1869-1918 러시아의 차르) 3,000억 달러
8위: 오스만 알리칸(1886-1967 인도의 왕) 2,300억 달러
9위: 윌리암(1028-1087 영국 노르만왕조 1대 왕) 2,295억 달러
10위: 카다피(1942-2011 리비아의 장기 통치자) 2,000억 달러

히말라야

* **히말라야 봉우리**

1. 에베레스트 : 8,850m(초등순위 2)
2. K-2 : 8,611m(초등순위 4)
3. 칸첸중가 : 8,598m(초등순위 7)
4. 로체 : 8,516m(초등순위 9)
5. 마칼루 : 8,463m(초등순위 6)

* **피라미드**

네 변은 정확하게 동서남북을 향함. 묘실의 입구는 반드시 북쪽에 있고 통로는 거의 북극성을 향함. 약 80개에 이르며 제일 큰 것은 약 4,600년 전의 쿠푸 왕의 피라미드로 밑변 230m, 높이 약 146m의 사각추로 2.5톤의 돌 230만 개로 쌓여 있음, 본체 부분 완성에만 10만 명이 동원되어 20년이 걸림. 돌과 돌 사이의 빈틈 0.5mm 미만임.

* 문자

기원전 3,000년에서 2,500년 사이 수메르 문자 체계에 점점 더 많은 기호가 추가되어 오늘날 쐐기문자라고 불리는 완전한 문자 체계로 점차 바뀌고, 완전한 문자 체계는 기원전 1,200년경 중국에서, 기원전 1,000-500년경 중미에서 발달했음. 히브리 성경, 그리스의 일이아스, 힌두교의 마하바라타, 불교의 팔이어 경전은 모두 구전 작품으로 시작하여 수많은 세대를 거치며 전수됨.

* 숫자

9세기 이전에 0에서 9에 이르는 열 개의 기호로 이루어진 체계로, 인도인이 처음 발명했음에도 아라비아 숫자로 알려진 것은 그들이 인도를 침공해 그 쓸모를 알아차렸고 그것을 더 다듬어서 중동으로, 나중에는 유럽으로 퍼뜨렸기 때문임. 나중에 이 아리비아 숫자에 더하기, 빼기, 곱하기 등의 부호가 추가되면서 현대 수학적 표기법의 기반이 출현됨.

* 인더스 문명

기원전 2,300년경, 2대 도시 모헨조다로와 하라파에 똑같은 규격의 구운 벽돌로 건설, 사방 1.6km, 폭 10m의 큰 길과 3m의 시가지가 바둑판처럼 되어 있고, 하수설비, 대목욕탕, 성채, 곡물창고, 250-400종류의 인더스 문자가 발견됨.

* 고대 바빌로니아 왕국

기원 전 18세기 함무라비왕은 메소포타미아 전체를 통일, 도로와 운하정비, 중앙집권체제, 경찰제도, 우편제도를 만들고 바빌로니아어를 공통어로 사용. 함무라비법전(전문과 28조의 조문, '눈에는 눈, 이에는 이'라는 동태복수의 원칙)을 만듦, 포도주와 맥주 제조함.

* 람세스 2세(BC1303?-BC1213)

이집트 왕으로 등극한 람세스 2세는 할아버지인 람세스 1세와 아버지인 세티 1세의 뒤를 이어 할아버지의 위업인 이집트왕국의 영토를 잘 지켜냄. 대표적인 업적은 히타이트국과의 카데시 전투였음. 근접전에 유리한 히타이트군의 전차대에 이집트군은 물소의 뿔과 힘줄 등으로 만든 탄성이 높은 복합궁을 가진 보병으로 맞섰는데, 초반에는 열세를 면치 못하였으나 람세스 2세는 굳건히 버텨 히타이트군을 카데시 성으로 폐퇴시킴. 이후 더 이상의 전쟁은 이 당시 메소포타미아에서 일어나던 아시리아에 어부지리를 안겨줄 것으로 판단, BC1,274년경에 평화협정을 맺음. 이는 인류 역사상 최초의 외교문서 형식을 갖춰서 만든 협정으로, 미국 뉴욕의 국제연합본부에 그 복사본이 전시되어 있음. 누비아인의 땅에 아부심벨 신전을 웅장하게 지어 이집트의 위용을 나타냄.

아부심벨

03
기업의 역사

기원전 3000년경 메소포타미아인과 수메르인이 계약체결

12세기 피렌체 등에서 'compagnia' 단어 생김

1215년 대헌장 반포(1939년 뉴욕 세계박람회에서 6개월 만에 1천만 명 관람)

1298년 마르코 폴로의 동방견문록 발표

<u>1340년 제노바 상인들의 복식부기</u>

<u>1397년 메디치은행 설립</u>

1450년 유럽 출판인쇄술 발달

1492년 콜럼버스 신대륙 발견

1498년 바스코 다 가마 인도항로 개척

<u>1580년 세계최초 '은행'명칭 베네치아은행 탄생</u>

1599년 포르투갈과 네덜란드 향료무역 독점

1600년 영국동인도회사 설립

<u>1608년 암스테르담 세계최초 주식거래</u>

<u>1623년 영국 최초 독점법(특허법)</u>

1765년 영국 동인도회사에 벵골 총독지위 부여

1771년 아크라이트 방직공장 설립

1802년 듀폰 설립

1807년 프랑스에서 주식양도 가능한 주식회사 탄생

<u>1836년 독일 크루프사 질병, 사망 직원에게 보험금 지급</u>

1844년 영국 특허장 없이 등기절차만으로 법인 설립허가

1859년 4월 빅벤설치, 표준시 탄생, 런던 템스 강변 95m의 높이 건물에 무게 13.5톤 분침길이 4m가 넘음.

1862년 영국 회사법 통과

1864년 록펠러 정유공장 설립

1866년 독일 지멘스 발전기 생산으로 전기화 시대

1868년 메이지 유신

1873년 시부사와 에이치 일본 최초은행 제일국립은행 설립

1876년 벨이 전화기 발명

1879년 에디슨 백열전구 발명

1882년 록펠러, 스탠더드 오일 트러스트로 40개 회사 통합

1882년 에디슨 발전소 건설

1883년 - 1889년 독일 질병보험, 재해보험, 노령 및 폐질보험 등 3개 보험 창설 의회통과

1885년 벤츠 최초 자동차생산

1885년 최초 마천루 홈 인슈어런스 빌딩 완공

1893년 미국 산업 총생산 세계 1위

1899년 독일 바이엘 아스피린 개발

1901년 US 스틸사 설립

1916년 일본 '논어와 주판' 발간으로 기업계의 바이블이 됨

1924년 영국인 존 베어드 TV 개발

1935년 미국 의회 사회보장법 통과

1938년 실리콘 벨리에서 휴렛과 페커드 차고에서 HP 창업

1946년 에니악 공개

1947년 미국 트랜지스터 탄생

1955년 소니 트랜지스터 라디오 초기모델 개발

1976년 애플 컴퓨터 설립
1978년 중국 개혁개방정책
1989년 미쓰비시 록펠러 센터빌딩 14동 구입
2010년 중국 지리 그룹 포드자동차 산하 볼보 18억 달러에 인수

* 신다신 목사

인도의 성자, 눈 덮인 히말라야 산을 내려오다가 지친 노인을 발견, 지나는 청년에게 부탁하였으나 거절당하자, 혼자 업고 내려오던 중 지나간 청년이 얼어 죽은 것을 보았고, 본인은 열과 땀에 젖어 둘 다 살아 있음을 인식함.

* 케인즈(1883-1946, 62세)

케인즈

1929년 대공황이 발생하여 '보이지 않는 손' 주장자들이 당황하자 케인즈는 수요 부족의 원인으로 진단하고 '고용, 이자 및 화폐의 이론(저축이 늘어나도 기업이 투자가 늘지 않아 수요가 줄고, 실업자가 늘면서 사람들의 소득이 줄고 소비가 줄어든다)', '투자승수이론(도로공사에 1억 투자하면 파생시 노동자, 자원공급, 식비 등 5배 이상 소득이 증가)', '유효수요(소비 물자를 구입하는 소비수요와 공장설비, 원료 등 생산을 위한 투자수요 즉 유효수요의 크기 즉 산출량의 크기로서 사회 경제활동의 수준이 결정, 즉 재정지출의 확대, 소비활성화로 유효수요를 증대하자는 것)'의 이론 등을 제시하자 미국의 '뉴딜 정책'이 성공함. 국제기구인 IBRD와 IMF의 창시자임.

* 폴란드 반소폭동
1956년 식량폭등을 계기로 반정부 반소 자유화운동이 폭발

* 헝가리 반소폭동
1956년 소련 20개 사단 동원 개혁운동 압살, 수천 명 희생, 20만 명 국외 망명

* 제3세계의 등장
1944-1964년 20년간 53개의 신흥국 탄생, 일본군이 점령한 인도네시아, 베트남, 필리핀, 한국 독립, 영국식민지 인도, 파키스탄, 미얀마, 실론 독립, 1949년 중화인민공화국 성립, 1955년 인도네시아의 반둥에서 인도의 네루, 인도네시아의 스카르노 중심 29개국 대표(아시아15, 중동8, 아프리카6)의 아시아, 아프리카회의로 '제3세계'가 출현

* 손문(1866-1925)
우창에서 신군(서양식 군대 3분의 1 혁명파)은 혁명정권 수립, 14개 성이 독립(신해혁명). 1912년 성의 대표들이 남경에 모여 손문을 임시 대총통으로 중화민국을 건국하고 부위 퇴위함. 국민당으로 개편, 원세개가 초대 대총통으로 독재를 하다 1916년 병사함. 손문도 1925년 북경에서 서거. 손문의 삼민주의(민족의 독립, 민권의 신장, 민생의 안정), 손문 사후 장개석의 국민혁명군은 광동에서 출발 북상해서 '북벌 시작함.

* 진독수(1879-1942)
1921년 진독수(천두슈, 신문화운동)는 코민테른의 지원을 받아 중국공산당조직, 중국공산당의 첫 번째 중앙위원회 의장이 됨. 1931년 서금을 거점으로 중화 소비에트 공화국 임시정부(주석 모택동)를 수립함.

04
유명 건축물의 건축기간

노트르담 사원: 300년
파리 개선문: 30년
성 베드로성당: 120년 만에 축성 후 수십 년 걸려 지금 모습
베르사유 궁전: 24-50년

* 성 베드로 성당

1505년 설계 공모, 120년 만에 1626년 축성, 그 후 수십 년이 걸려 지금 모습, 바로크 양식, 베르니니가 베드로 광장 설계(1656-1657)하고 천국의 열쇠 모양을 만듦. 둥그런 원기둥 284개는 높이 16m, 사각으로 된 기둥이 88개 4줄로 되어 위에 3.24m 성인과 교황의 조각이 140개, 광장 폭이 260m 길이 300여m. 돔의 설계는 미켈란젤로가 나이 71세부터 90세 생애 마칠 때 까지 봉사함. 대성당은 그리스도의 양 팔을 상징, 높이 45.44m, 대성당 대지는 약 85,000평, 중앙 통로 길이 187m, 폭 140m, 높이 46m 재대 위에 있는 돔까지의 높이 137m, 설계자는 브라만테, 미켈란젤로, 마테르노 등임. 피에타는 25세의 미켈란젤로의 조각이고 청동 기둥제단 발다키노는 베르니니 작품(바로크양식의 진수)임.

-설립배경-
예수의 수제자 베드로는 세 번 예수를 배반한 후 로마로 가서 전도를 하던 중 교인들이 네로의 핍박을 피해 로마에서 도망칠 것을 종용하자 로마

를 떠나 길을 가던 중에 하늘로부터 나타난 예수를 만나자 "쿼바디스 도미노(어디로 가시나이까)?"라 하자 예수께서 "로마로 간다"라고 말씀하시자 베드로는 각성하고 로마로 돌아가 붙잡혀 로마 언덕에서 거꾸로 십자가에 못 박혀(예수의 처형 모습보다 더 고통스러운 형벌을 원함) 죽음. 그 언덕에 베드로 성당이 세워짐.

성 베드로 성당

* 베르사유 궁전

루이 14세(1638-1715, 4살에 즉위하여 72년간 제위('짐이 곧 국가요, 국가가 곧 짐이다' 절대왕정)가 건축함. 100ha 대정원에 36,000명의 인부와 6,000마리의 말을 동원하여 24년(50년)간 건축하고 부르봉 왕조가 107년 거주함. 거울의 방에는 17개의 대형 거울과 17개의 창문, 전체 2,143개의 창문, 1,252개의 벽난로, 67개의 층계, 정원에는 1,400개의 분수가 있음. 1613년에 루이 13세를 위한 간소한 정원으로 시작하였으나 1667년 앙드레 르 노트르는 역사상 최고의 정통정원을 설계하고 커다란 파르테르(화단과 길을 장식적으로 배치한 정원), 테라스 정원, 운하까지 포함하였음. 프랑스 혁명 후에는 회화와 조각 컬렉션은 루브르박물관으로 장서와 메달은 국립도서관으로 시계와 과학적 장치들은 국립공예학교로 이관됨.

베르사유 궁전

* 워싱턴 국회의사당

캐피탈 힐에 위치, 건물의 초석은 워싱턴이 세움. 좌측이 상원, 우측이 하원, 중앙 기둥 높이는 77m, 꼭대기에 자유의 여신상, 제일 아래 Rotunda(원형 홀)의 벽에는 위인, 콜럼버스의 신대륙 상륙, 독립선언 등의 유화가 장식됨.

미국의 수도가 뉴욕, 필라델피아, 1800년 워싱턴으로 옮겨진 후 영국의 침략으로 몇 번 파괴되고 다시 지어 1863년 링컨 대통령 때 지금의 모습을 이룸. 1797년에 의회 개시함. 좌우 230m 길이, 그리스 복고 양식(네오 클래식)의 건물, 토마스 U 월터가 건축한 주철 돔은 처음 만들어진 돔의 세배, 윙의 증축도 월터가 맡음.

* 워싱턴 탑

워싱턴 탑

워싱턴 국회의사당

05
문명의 혜택 순서

1. 증기기관의 발명(1769년 와트의 개량 증기기관 → 산업혁명)
2. 전화(1854년 안토니오 무치 개발, 1876년 그레이엄 벨의 안정화된 전화 개발)
3. 전기(1866년 독일 지멘스 발전기 생산, 1879년 에디슨의 백열전구)
4. 자동차(포드의 자동차 대중화 1908-1927 1,500만 대 세계 68%)
5. 비행기(1903년 라이트 형제, 1958년 뉴욕-런던 B-707 운항)
6. 텔레비전(1817년 스웨덴의 화학자 '셀레늄' 발견, 1926년 기계식 텔레비전 개발, 1928년 컬러영상 송출, 1953년 RCA사 컬러 브라운관 개발)
7. 컴퓨터(1960년 중반-1970년 후반, 3세대 사무용 법용 컴퓨터 개발)
8. 인터넷 연결(1969년 UCLA와 스탠포드 대학, 1982년 전길남 박사 구미전자 연구소와 서울공대)
9. 휴대폰 보급(1980년대 후반)
10. 의료기술의 발달(생명연장, 4차 입체방사선 치료기 '트루빔'(MD앤더슨 암센터 등)이 치료시간 3배 이상 단축, 치료의 정확성
11. 컴퓨터 인간의 발전

* 알프레드 노벨(1833-1896, 63세)

1867년 영국과 1868년 미국에서 다이너마이트 특허를 신청하고 1876년 더 강력한 다이너마이트 특허권으로 전 세계화학류에 대한 사용료와 러시아 바쿠 유전지대의 부동산으로 많은 돈을 벌었음. 평화주의자로 자

기가 발명한 무기로 크고 작은 전쟁을 끝낼 수 있다고 기대하고 젊은 시절은 시도 씀. 남긴 재산의 이자로 물리학, 화학, 생리학 및 의학, 문학, 평화 5개 부문 상 줄 것을 유언하고 스웨덴 과학아카데미에 기부함. 1901년부터 노벨상 제정, 역설과 모순으로 가득한 인물로 고독하고 비관주의자면서 이상주의자였음. 19세 때 외국 유학중 프랑스에서 한 여인을 사모한 후 이 소녀의 죽음으로 재혼을 하지 않고 독신으로 살다가 1896년 이탈리아 산레모 별장에서 여생을 마침.

* 빌헬름 뢴트겐(1845-1923)

1895년 X-선을 발견하여 1901년 최초로 노벨물리학상을 받음. 취리히 공과 대학의 물리학교수의 조교로 일하며 실험을 통해 진공 유리관에서 종이를 뚫고 지나가는 강한 빛이 나오는 것을 발견하고 알 수 없다는 의미로 X-ray라고 하자, 주위에서 뢴트겐으로 정하자고 권하였으나 "나는 자연 속에 이미 존재하던 것을 발견했을 뿐"이라고 거절하고 특허로 부자가 되는 길도 마다함.

* 그레이엄 벨(1847-1922)

1876년 전기 특허(전기 진동)를 신청, 2시간 늦게 엘리샤 그레이도 비슷한 특허를 신청함. 최대 전신망 보유 웨스턴유니언에 10만 달러에 특허를 팔려고 했으나 거절당하자 AT&T의 전신인 벨 회사를 설립함. 웨스턴 유니언이 엘리샤 그레이의 특허를 사용하여 전화사업 개발을 경쟁하자 시어도어 베일을 경영자로 영입하고 웨스턴 유니언을 상대로 특허소송을 함. 그러나 웨스턴의 내분으로 1881년 웨스턴 유니언으로부터 웨스턴 일렉트릭 주식 과반수를 인수하고 베일은 AT&T의 사장을 연임하면서 지역전화교환국을 통합, 장거리 전화서비스를 개발함. 잠시 국유화 되었다가 다시 1919년 다시 민간 소유로 넘어 옴. 업무절차와 관리업무를 규격화함. '우리의 사업은 서비스다'라는 모토 아래 사기업이 공공규정을 만들므로 해서 국유화를 피해갈 수 있었음.

* 안토니오 무치(1808-1889)

벨보다 21년 전에 전화기를 발명하였다고 함(최초의 전화기 발명가). 무치가 자석식 전화기를 발명한 뒤 특허를 내기위해 웨스턴 유니언 전신회사와 의논하는 동안 설계도와 전화기 모델을 잃어버렸다 함. 이후 벨이 무치가 발명한 것과 비슷한 전화기로 특허를 취득하자 무치는 소송을 제기하였으나 승소 전 심장마비로 사망함. 2002년 미국의회는 안토니오 무치를 전화 발명가로 공식 인정함.

06
최후의 멋

✽ 타이타닉 호의 최후 순간

미국의 광산 왕 마이어 구겐하임의 여섯 째 아들인 바람둥이 벤저민 구겐하임은 타이타닉호가 침몰(1912년 4월 14일, 달이 뜨지 않은 칠흑 같은 밤에 빙 산에 부딪힘)하자 같이 간 애인과 하녀를 구명보트에 태우고 본인은 침몰하는 와중에 하인과 함께 턱시도를 갈아입고 "아내에게 내가 의무를 다했다고 전해 주시오. 우리는 우리에게 가장 어울리는 옷을 입고서 신사답게 갈 것이오."라고 하고 일등실 로비에서 브랜디를 마시고 시가를 피우며 최후를 마침. 뉴욕 메이시 백화점의 소유주인 노부부 스트라우스 부부도 구명보트 승선을 거부하고 하인에게 모피코트를 걸쳐 주고 구명보

타이타닉호

트에 태운 후 아름다운 죽음을 맞이함. 타이타닉 호는 길이 270m, 너비 28m, 높이 30m, 4만 6천 톤 급이었으며 2,223명의 승객과 승무원을 태우고 영국의 사우샘프턴에서 뉴욕으로 가던 중 대서양 한 복판에서 빙산과 부딪히게 되어 2시간 40분 만에 완전 침몰함. 1,514명이 사망함.

* 로이드 보험

타이타닉 호 처녀 출항에 1백만 파운드 해상 안전 보험에 가입하였으나 로이드 보험은 140만 파운드(약 2천억 원)를 배상, 패닉 상태였으나 보험에 가입하겠다는 선주들이 쇄도.

---

* 보험회사

'걱정과 재난을 팔아먹는 회사'
"세월이 지나고 나서 보니 내가 근심했던 것의 90퍼센트는 일어나지 않았다."

-앤드류 카네기-

* 버큰헤드 호의 전통

영국군이 긍지를 갖고 내려오는 전통 중 '버큰헤드 호를 기억하라'는 전통이 있음. 1852년 2월 27일 472명의 군인들과 162명의 부녀자들과 아이들을 태우고 아프리카 해안을 따라 항해(군인들은 희망봉에 주둔하고 있는 몇 개 연대로 배속될 신병)하던 중 모두가 잠들어 있던 오전 2시 암초에 부딪힘. 구 명정 3척, 척당 정원 60명으로 전부 180명 승선만이 가능한 상황에서 상어 떼가 득실한 바다에서 마지막 구명정이 떠날 때 까지 군인들은 관병식을 하듯이 서 있었음. 부녀자들은 그 모습 보고 흐느낌. 몇 사람이 물위에 떠오를 시는 436명이 수장된 후, 활대와 나무판자를 잡을 수 있는 사람들 중 사령관 세튼 대령도 판자를 선실보이에게 밀어주고 물속으로 들어감.

* 영 여왕 왕관의 '코이누르'

16-19세기에 인도 일대를 통치하던 무굴제국이 소유하던 '코이누르'라는 이름의 105캐럿(21.6g) 다이아몬드. 인도에서는 '코이누르'를 차지하는 자는 세상을 지배하게 되지만 남성이 갖고 있으면 비극적인 종말을 맞이한다.'는 전설이 내려옴. 1849년 영국 동인도회사가 코이누르를 빼앗아 이듬해 빅토리아 영국 여왕에게 바쳤고, 이후 역대 영국 왕비가 쓰는 왕관 한가운데 장식해 왔음. 현재 1억 파운드(약 1,740억 원) 이상의 가치가 있는 것으로 평가받는 엘리자베스 2세 영국 여왕 왕관에 박혀 있는 초대형 다이아몬드가 영국, 인도, 파키스탄의 논란거리가 되고 있음. 영국이 '코이누르'를 훔쳤던 지역이 1947년 파키스탄이 인도에서 분리 독립할 시 파키스탄으로 넘어왔기 때문임. 인도인들이 반발하자 2010년 영국의 데이비드 카메론 총리는 인도 방문 당시 "〈코이누르〉가 전례가 되면 대영박물관이 순식간에 텅 빌 것"이라고 말함.

* 천축잉어(부성애)

태평양 연안에 천축잉어라는 바닷고기는 암놈이 알을 낳으면 수놈이 그 알을 입에 담아 부화, 입에 알을 담고 있는 동안 수컷은 아무것도 먹을 수가 없어 점점 쇠약해지고 급기야 알들이 부화하는 시점에서 기력을 잃고 죽게 됨. 죽음이 두려우면 알들을 그냥 뱉으면 되나 수놈은 죽음을 뛰어 넘는 사랑을 선 택한다 함.

* 가시고기

4-7월 사이에 산란하는 가시고기는 수컷이 새끼가 부화하는 집에서 헤엄쳐 나올 때까지 먹지도 자지도 않고 이들을 보호하다가 부화할 쯤 지쳐 죽는 경우가 많음. 이 경우에는 새끼들은 수컷의 몸을 뜯어 먹게 됨.

* 황제 펭귄

해안에서 100km 떨어진 서식지 콜로니로 가기 위하여 영하 50도에서 20일 간 강행진해 감. 발등의 털로 알을 품은 수컷들은 부동자세를 취하고 먹이를 찾아 떠난 암컷을 기다리며 몸무게가 15kg까지 줄어듦. 오랫동안 암컷이 돌아오지 못할 때는 굶주린 자신의 위벽이나 식도의 점막을 녹여 토해 내어 새끼에게 먹임('펭귄 밀크' 아버지의 젖). 남극 특유의 눈보라, 'blizzard'를 이기는 사랑과 협동력이 있음(발에 알을 품은 수컷들은 몸을 맞대어 밀집된 커다란 똬리를 틀고 몸으로 방풍벽을 쳐서 바깥보다 10도 높은 따뜻한 내부공간을 만들고 외부 벽과 내부 벽이 번갈아 돌면서 교대함).

* 모소 대나무

중국의 극동지방에서 자라는 모소 대나무는 4년 동안 물을 주어도 3cm 밖에 자라지 않으나 5년째 되는 날부터 하루에 30cm씩 자라 6주 만에 15m 이상 자라게 되고 주위는 빽빽한 대나무 숲을 이루며 'quantum leap(비약적 발전)'를 하게 됨. 5년 동안 땅속에 수백 (미터)m의 뿌리를 뻗음. 원자폭탄이 히로시마에 떨어졌을 때 유일하게 생존하였으며 월남 고엽제 살포에도 살아남음.

* 호화로운 파티

* 월도프 호텔 가장무도회

1897년 2월10일 변호사 브래들리 마틴과 그의 아내 코넬리아가 주최한 뉴욕의 월도프 호텔 가장무도회에는 700여 명이 참석했음. 마리 앙투아네트(루이 16세 왕비)복장이 50여 명, 코넬리아는 프랑스 여왕이 소장했던 목걸이를 한 메리스튜어트(스코틀랜드의 왕), 브래들리는 태양왕 루이 14세의 모습으로, J.P. 모건은 프랑스의 극작가 몰리에르 차림으로 나타남. 이 사교계 모임은 중재조약과 쿠바 문제 등 정치문제가 여론의 관심에서 밀려났고 대중들의 분노는 갑부들에 대한 소득세 부과로 이어지고 마틴 부부는 결국 영국으로 달아남. 마틴 여사의 변명은 일부러 공지를 3주 전에 하여 의상들을 파리가 아닌 뉴욕에서 사도록 유도했다고 해명함.

* 스티븐 슈워츠만의 60회 생일파티

마틴 무도회로부터 110년 후 2007년 2월 13일 뉴욕의 파크 에비뉴에서 마이클 블룸버그, 존 폰테인 등 재계 거물 참석, 가수 로드 스튜어트는 30분 공연에 100만 달러 제공받음, 총 파티비용 3백만 달러가 소요되었다 함.

* 돈의 회전

돈을 돌려야 경제가 산다

경제위기가 닥치면서 관광객의 발길이 끊긴 유럽 산골마을의 한 호텔에 관광객 한 사람이 와서 호텔에 방을 잡고 100유로짜리 지폐로 숙박료를 지불함. 관광객이 짐을 내리는 사이 호텔 주인은 지폐를 들고 정육점으로 달려가 외상 값 100유로를 갚았음. 정육점 주인은 외상값을 독촉하러 온 돼지농장 주인에게 고기 값을 갚았고, 농장주인은 얼른 술집으로 가서 외상 술값을 갚았고, 술집 여주인은 호텔에 가서 밀린 숙박비를 갚았음(돈이 순식간에 마을을 한 바퀴 돌아 호텔 주인에게 돌아온 것임).

호텔 주인이 지폐를 받는 순간, 관관광객이 방이 마음에 들지 않는다고 그냥 나가겠다며 지폐를 돌려받아 나가 버림.

돈이 돌기는 했으나, 번 사람도 없고 쓴 사람도 없음. 그래도 마을에는 빚진 사람이 아무도 없음.

빚들을 갚을 수 있었을 뿐만 아니라 투자 의욕을 느낄 수 있었을 것이고 상당한 시간을 갖고 더 큰 돈들이 이런 순서로 투자로 이루어졌다면 그 투자가치는 여러 배의 가치를 창출할 수 있었을 것임(투자 승수이론).

07
커피의 유래

6세기경 애티오피아의 목동 '킬디'가 돌보던 염소들이 빨간 열매를 먹고 흥분해서 뛰어다니는 것을 보고, 먹어보니 피로가 풀리고 기분이 좋아지자 이를 이슬람 사제들에게 알림. 1,200년경 아랍의 승려 오마르는 '모카' 마을에 정착, 때마침 마을에 병이 들어 모카 공주의 병을 치료해 주고 사랑에 빠짐. 왕이 오마르를 추방, 추방당한 오마르가 독특하게 생긴 빨간 열매를 발견, 끓여 먹으니 활기가 생기고 피로가 회복되자 마을로 가져와 전파함. kaffa는 '힘'을 뜻하는 에티오피아 단어이며 커피가 자라는 지역 이름임. 이집트 15세기, 오스만제국은 16세기에 알려지고, 17세기 유럽(런던, 마르세이유, 비엔나, 독일 등)으로 전파, 베네치아가 커피와 후추 등 향료를 독점 무역하고 옥스퍼드와 베니스에 최초의 커피하우스가 탄생함. 나폴레옹이 워털루 전쟁에 실패한 것은 커피 때문이라는 설이 있음. 부대에 커피공급이 중단되자 치커리를 마시게 되자 몽롱한 정신으로 싸우다가 패하였다 함.

* 커피의 종류
1. 에스프레소(이탈리어어로 '바르다'는 뜻. 추출시간이 12-14초): 커피의 핵심
2. 카페 아메리카노: 에스프레소에 뜨거운 물을 부어 엷게
3. 카페 라테: 에스프레소에 뜨거운 우유를 잔뜩
4. 카페 모카: 카페라테에 초콜릿 추가
5. 카푸치노: 카페라테보다 우유가 덜 들어감.
6. 디 카페인: 카페인 성분을 제거함.

* 알루미늄 식기와 나폴레옹 3세

화학자들이 알루미늄을 발견한 것은 1820년대였지만, 광석에서 이를 분리해 내기는 극도로 힘들었고 비용이 많이 들었음. 수십 년간 알루미늄은 금보다 비쌌음. 1860년대 프랑스의 나폴레옹 3세 황제는 가장 신분이 높은 손님들 앞에는 알루미늄 식기를 놓으라고 지시하고 그보다 신분이 떨어지는 사람들 앞에는 금으로 된 나이프와 포크를 놓게 했음. 하지만 19세기 말 화학자들이 막대한 양의 알루미늄을 값싸게 추출하는 방법을 알아냈고, 오늘날 연간 총 생산량은 3천만 톤에 이름.

* 타히티의 흑진주

8-12mm는 5,000달러, 4년간 진주조개 1,000개를 양식할 경우, 회수 가능 200개 중 20개만 고가의 보석이 됨. 핵을 조개 체내에 삽입하면 고통스러운 나머지 노란 체액을 조금씩 뱉어 이물질을 감싸게 되고 4년 동안 350-400번을 계속하게 됨.

* 엔리코 카루소

카루소가 자선음악회에 출연하자 한 스텝이 "선생님의 명성 때문에 많은 군중이 모일 것이고, 자선 음악회니 편하게 노래하십시오. 특별한 연주기법이 없어도 됩니다."라고 하자 카루소는 "나, 카루소는 어떤 자리에서도 최선 이하로 노래한 적이 없습니다."라고 말함.

* 비싼 양복

* 로로 피아나

이탈리아 '로로 피아나'는 최고의 품질 양 1만 마리에서 추출한 양모로 1년에 35벌만 한정 생산함. 가격 5천만 원 정도임.

* 브리오니(호화휴양지 크로아티아령의 브리오니군도)

브리오니 더블브레스티드 슈트는 크라크 케이블, 헨리 폰다, 존 웨인, 케리 쿠퍼 등이 고객이었으며 007의 제임스 본드가 입고 나옴.

* 아톨리니

5백만 원 이상, 숀 코네리, 알 파치노, 해리슨 포드, 푸틴 등이 고객

* 카라치니

5백만 원 이상

부가티 57sc

* 자동차

* 부가티57SC 아틀란틱

1934-1940년 사이 3대만 제작하였고 현재 2대만 남아 있음. 2010년 세계 최고가 3,000만 달러 이상으로 '멀린 자동차박물관'이 구입 보관, 한 대는 패션 디자이너 랄프 로렌이 소유.

* 페라리

1957년 생산 '250 테스타로사' 2009년 소더비 경매에서 1,210만 달러에 낙찰

* 에스턴마틴

007시리즈에 단골로 등장하는 차. 영국 브랜드 중 최고였으나 1987년 미국 포드사에 편입되었다가 2007년 르망24시 내구 레이스의 파트너인 프로 드라이브의 데이비드 리차드가 인수

* 가장 비싼 휴대품

* 시계

프랑스 루이 모네사에서 만든 '매토리스' 모델 개당 459만 9,487 달러 스위스 피아제의 '엠페라도 템플' 개당 330만 달러
프랑스의 까르띠에 '시크릿 워치 위드 피닉스 데코' 개당 275만 5천 달러

* 만년필

스위스 카렌다쉬사의 2007년도 출시 '1010 골드 버전' 약 1억 6천만 원, 10 개의 한정판, 몸체와 펜촉 순금, 0.11캐럿에 57면체의 최상급 다이아몬드, 보랏빛 루비와 크리스털로 장식

* 카메라

라이카 1955년 출시 M3D 유명 사진작가 데이비드 더글라스 던컨이 사용, 2011년 경매에서 23억 6천 5백만 원에 낙찰

* 구두

* 존 롭

영국 '존 롭'사의 구두는 190단계의 제조 공정, 한 켤레 제작에 8개월 소요되고 가격 990만 원-2,200만 원

* 아테스토니

이탈리아 '아테스토니'는 177개 공정을 수작업 함. 파바로티, 레이건, 나카소 네 등, 주머니 공법으로 만든 구두는 최하 8백만 원 이상, 가장 비싼 신부용 슈즈는 켤레당 3만 8천 달러(4천 2백만 원 호가)

＊ 파리의 '라투르다장' 식당

1788년 산 코냑 3병

2만 5천 유로(4,200만 원)

1만 7천 유로(2,900만 원)

1만 5천 유로(2,500만 원)

08
독일군(나치)의 제복

휴고 보스(독일)사 1924년 설립, 휴고보스는 나치당에 가입하고 나치 친위대, 나치 돌격대, 히틀러 유겐트의 제복을 만듦. 전쟁 초기 승승장구할 시 멋진 제복의 우수성으로 젊은이들을 사로잡음. 디자인은 디자인 전공자인 칼 디비히(Karl Diebitsch) 교수(미술 전공, 1985년 사망)가 관련된 문양과 로고 모두를 디자인함. 그 후 그는 나치 친위대 최고위직까지 오름. 의류 제작을 한 휴고 보스는 전후 제복 생산에 사과하고 그에 대한 배상금도 기부함. 80년이 지난 지금도 여러 디자이너들에게 영감을 줌.

09
화폐의 초상으로 본 인물

* **미국**
- 1달러: 초대 대통령 조지 워싱턴(67세, 1789-1797년 재임)
- 2달러: 3대 대통령 토마스 제퍼슨은 1800년 당선되자 수도를 워싱턴으로, 1803년 나폴레옹으로부터 루이지애나(214만 5천km^2)를 1,500만 달러에 매입(에이커 당 약 3센트). 미지의 개척자들의 외로움을 달래기 위해 2숫자 지폐 만듦. 그레이스 켈리는 프랭크 시나트라로부터 2달러 받은 후 모나코 왕비가 됨.
- 5달러: 16대 에이브러햄 링컨(1809-1865)은 노예제도 폐지와 자유와 평등을 실천, 학교교육 1년 미만, 매일 독서, 빌린 책이 비에 젖자, 다음 날 노동으로 갚자, 책 주인 책을 선물로 줌. 죽고 난 후 듣고 싶은 말은 "에이브러햄 링컨, 그는 잡초를 뽑고 꽃을 심다 떠난 사람이다."라고 함. 당선된 후 정적인 스탠턴 변호사를 국방장관으로 임명함. 그는 링컨이 죽었을 때 "여기 가장 위대한 사람이 누워있다."라고 함.
- 10달러: 알렉산더 해밀턴(1755-1804, 워싱턴의 부관)은 30대 초반에 초대 재무장관을 맡아 연방정부차원의 강력한 정책을 수행함. 연방정부의 빚을 갚을 방법에만 몰두할 것이 아니라 하고 적극적으로 빚을 얻어 제조업 생산시설을 조성하고 경제에 활력을 불어 넣어 경제성장 토대를 구축하였음. 반 연방주의자와 대립하던 중 제퍼슨 대통령 재임 시 부통령인 '애런버'와 권총 결투로 사망함(49세). 결투로 아들을 잃은 적이 있어 원치 않았으나 명예 때문에 승낙하고 뉴욕주법은 결투를 허락하지

않았기에 강을 건너 결투가 허가된 뉴저지 주 허드슨 강변 바위절벽 아래에서 결투를 함.
- 20달러: 7대 대통령 앤드류 잭슨은 변호사, 하원의원, 민병대 소장 시 1812-1815년 미영전쟁, 크리크 인디언 전쟁 승리, 1817년 세미놀 전쟁 승리로 전쟁 영웅이었음. 잭슨 민주주의(알려진 정치조직의 지지보다 대중 유권자들에게 직접 지지 호소)를 만들어 냄. 생전에 13번의 결투, 재임 기간 내 2발의 총알(도박 빚과 암살기도로)이 몸속에 있었음.
- 50달러: 18대, 대통령 율리시스 그랜트(남북 전쟁 시 북군의 총사령관)는 퇴임 후 친구의 주식 중개사에 이름을 빌려준 후 파산하자 부채 갚기 위해 회고록을 집필하여 45만 달러를 벌었음.
- 100달러: 벤저민 프랭클린(1706-1790, 건국의 아버지)은 13개의 덕목(절제, 침묵, 규율, 결단, 절약, 근면, 성실, 정의, 중용, 청결, 평정, 순결, 겸손)을 주장함. "당신은 인생을 사랑하십니까? 그렇다면 시간을 낭비하지 마십시오. 인생이란 오직 시간으로 이루어져 있습니다."라고 함. 학교는 2년 다니고, 11세부터 아버지의 양초공장에 출근, 1740년 필라델피아시민들에게 처음 전기를 소개하고 피뢰침을 발명함. 독립선언서 작성에 참가하고 외교관으로 독립전쟁 시 프랑스의 지원을 끌어 냄. 헌법 제정 시 각주의 논쟁에 타협안을 이끌어 냄.

미화 100달러권

* 일본

- 1,000엔: 노구치 히데요는 세균학자로 매독 병원균, '스피로헤타'를 규명함. 일본의 슈바이처, 서아프리카에서 황열병 연구 중 급사함.
- 2,000엔: 슈레이 문(오키나와 현에 있는 2000년을 기념하기 위한 문)
- 5,000엔: 히구치 이치요(24세)는 천재 여류 문학가로 '십삼야' '키 재기' '흐린 강' '섣달 그믐날' 등의 작품이 있음.
- 10,000엔: 후쿠자와 유기치(65세)는 실학과 부국강병을 강조하고 계몽가이며 교육가임. 게이오 대학의 기원인 난학숙(게이오 의숙으로 개칭) 설립,
시사 신보 창간, 여성 지위향상에 크게 공헌함.

* 유로

다리, 문, 창으로 이루어짐. 5, 10, 20. 50, 100, 200, 500 유로에는 그리스 로마 양식, 로마네스크, 고딕, 르네상스, 바로크, 로코코, 철과 유리시대, 포스트모던, 문과 창은 접근성과 투명성을, 동전은 1, 2 유로와 1, 2, 5, 10. 20, 50 센트, 총 8가지. 동전의 뒷면은 통일, 앞면은 나라마다 다른 도안

* 러시모어(Rushmore)산의 미 대통령 조각상

미국의 사우스 다코타 남동쪽에 있는 러시모어산의 정상에는 미국의 역대 대통령 4명의 얼굴을 새긴 화강암 조각상이 있음. 사우스 다코타 주의 역사협회를 발족시킨 Doan Robinson은 서부의 영웅들을 조각하는 놀라운 꿈을 꾸고 그 계획을 실천하려고 하였으나 많은 사람들이 너무 재정적 부담이 크며 신의 창조를 모독하는 것이라고 반대를 하였으나 좌절하지

않고 조각가 보그 럼(Gutzen Borglum 1867-1941)을 초청하여 거대한 예술품을 창조하는 작업에 시동을 걸고 서부의 영웅에서 더 나아가 미국 전체를 대표하는 인물들을 조각하게 됨. 미국 건국의 아버지이며 민주주의 서장을 열었든 조지 워싱턴 대통령(1732-1799). 미국 독립선언서를 작성하고 루이지애나를 프랑스로부터 사들여 영토를 크게 늘린 제퍼슨 대통령, 미국 남부와 북부의 연방을 존속시켜 미합중국의 기틀을 더욱 공고히 하고 노예해방을 한 링컨 대통령, 처음으로 미국 노동자의 권익을 보호하기 위해 활약한 공적과 국가산업발전에 기여한 테어도어 루즈벨트 대통령의 조각상임. 1925년 작업이 시작되어 14년 만에 완성됨. 예산부족과 재정문제로 몇 달간 작업이 중단되기도 하고 공학 기술이 발달되기 전이라 어려움이 많았으나 인부들이나 조각가들이 거대한 국가적 차원의 사업에 참여한다는 자부심과 쿨리지 대통령의 전폭적인 지원에 힘입어 모아진 많은 기부금과 연방정부의 기금으로 사업은 완성됨. 다이너마이트가 번갯불에 터지는 사고로 인부를 운반하는 기구가 추락하는 사고가 있었으나 작업에 한 명의 인명 피해가 없었다는 기록을 남김.

러시모어산의 대통령 조각상

* 고령화 사회

UN은 60세 이상의 인구가 10% 이상이거나 65세 인구가 7% 이상일 경우 고령화 사회로, 65세 이상이 14% 이상이면 고령사회로 규정.

* 타이어

Charles Goodyear(1800-1860)가 황고무 제조법을 발명한 것은 실수로 고무와 황의 혼합물을 난로위에 떨어뜨린 결과였음.

* 라스베이거스

스페인어로 목초지, 광야의 뜻, 하워드 휴즈(아버지가 석유시추용 드릴비트 발명으로 부를 이룸)의 투자로 카지노뿐만 아니라 관광지로 발전, 매년 3,500만 명 이상의 관광객이 찾아옴. 컨벤션 행사로 유명하며 세계 10대 컨벤션 센터 중 3개가 있음.

* 캘리포니아와 플로리다

월트디즈니사가 있는 캘리포니아와 플로리다에 있는 총 8개의 테마파크에서 해마다 7,300만 명 방문, 유니버설스튜디오는 1,800만 명 유치함.

* 장학생

미국 풀브라이트: 연간 8,000명 아데나워 장학금: 연간 6,000명 일본: 연간 6,000명

* 고등 교육을 받지 못한 인물

벤저민 프랭클린(학교공부 2년), 링컨대통령(학교교육 1년 미만), 록펠러(고등 교육을 받지 못함), 셰익스피어(중학교 1년 중퇴), 베토벤(학교공부 4년), 라이트 형제(고교 중퇴), 앤드류 존슨(미17대 대통령 초등교도 다니지 못함), 에디슨(초등교 중퇴), 미야모토 무사시(스승 없이 스스로 검을 익힘), 칭기즈 칸(막싸움꾼), 보응우옌잡(정식 군사교육 받지 않음), 마쓰시타 고노쓰게(초등교 4년 중퇴), 안도 다다오(공업 고교 졸).

* 히든 챔피언

독일의 헤르만 지몬 교수는 매출액 50억 유로(약 7조 원)이하, 세계시장 점유율 1-3위 또는 유럽1위에 속하는 기업으로 지정. 세계 2,734개 중 독일 1,307개, 미국 366개, 일본 230개, 오스트리아 116개, 스위스 110개, 한국 23개(13위)임.

* 약소국과 강대국의 싸움

'다르게 싸워야 이긴다.' 1800년-1998년 약 200년간 약소국의 승율 29.2% 즉 3대 7, 약소국과 강대국이 같은 방식으로 싸운 경우 승률은 24%, 다른 방식으로 자기에게 유리한 방식으로 싸운 경우 63.6% 승률- 아레귄 토프트 (보스턴대 정치학자)

* 전쟁

인류 역사 5,000년 중 1,500번의 전쟁, 전쟁이 없었던 기간은 200년 정도

10
인류가 파낸 금의 총량

14만-15만 톤을 채취하고 남아 있는 지하 매장량은 6-7만 톤임. 1톤의 금 광석에서 3-5g 채취, 연간 공급량 2,500-3,000톤, 20-25년 후 고갈이 추정됨.

* 한국의 금모으기
1998년 4개월(1월~4월) 동안 351만 명이 참여, 226톤(22억 달러 수출)

* 한 가족의 연간 자원소비
네 식구가 1년간 살기 위해서 1,800톤의 자원을 채취하여 가공해야 하고 표준 인간 체중의 20배에 달하는 자연자원을 소비함.

* 명언
'월락불이천'(달이 진다고 하늘을 떠나지 않는다)　　　　　　-노자-
"고통은 실제로 있는 것이지만 모든 쾌락은 공상의 산물이다."
　　　　　　　　　　　　　　　　　　　-새뮤얼 버틀러(영국 작가) -
"사람은 행복하기로 마음먹은 만큼 행복하다."
　　　　　　　　　　　　　　　　　　　　　　-에이브러햄 링컨-
"미래가 좋은 것은 그것이 하루하루씩 다가오기 때문이다."
"삶을 사는데 두 가지 방법이 있다. 하나는 기적이란 없는 듯이 사는 것 또 하 나는 모든 것이 기적인 듯이 사는 것이다"　　　　-아인슈타인-

태산이 높아진 것은 한 줌의 흙도 마지않았기 때문이며, 하해가 깊어진 것은 작은 시내도 가리지 않았기 때문이다."

-이사-

"잘 물든 단풍은 봄꽃보다 예쁘다."

"육상 선수는 결승선에 가까워지면 으레 마지막 기운을 왕창 쏟아낸다. 벚꽃은 바람에 휘날리며 질 때 화사하고 저녁노을은 해돋이 못지않게 아름답다."

-김열규의 '아흔 즈음에'에서-

* 토마스 파(1438-1589, 151세)

역사상 가장 오래 산 영국사람, 155cm, 몸무게 53kg, 80세 결혼하여 1남 1녀, 122세에 재혼, 찰스 1세가 생일 축하로 왕궁으로 초대, 과식이 원인이 되어 2개월 후 사망함. 루벤스가 그의 초상화(위스키 올드 파의 브랜드)를 그림.

* 크루아상

<u>1683년 빈 사람들이, 1686년 부다페스트 사람들이</u> 터키를 물리친 것을 기념하기 위하여 초승달 모양으로 처음 만듦.

크루아상

* 돈과 은행

기원전 3200년경 메소포타미아 문명에서 돈의 개념 탄생, '세켈'은 보리의 양을 가리킴. 고대 바빌로니아 왕국의 6대왕 함무라비 법전에서 기원전 1750 년경에 부채와 이자, 벌금의 납부를 규정함. 기원전 600년경 리디아의 왕국 (현 터키의 서부)의 수도 사르디스에서 알리아테스 왕은 금은 합금 덩어리를 주조한 최초의 동전 '리디아의 사자'가 등장함(그리스의 용병들에게 급료주기 위하여). 15세기 메디치은행은 '피오리노 도로'(지금 가치 150달러에 해당하는 금화)만 거래로 유럽에서 가장 신뢰받는 은행이었음. 세계에서 가장 오래된 시에나 은행은 1472년에 설립된 몬테 데이 파스티 디 시에나 은행으로 시 에나와 그로세코지역에서 400여 년 동안 성장 현재 이탈리아 3위 은행임. 1800년에는 런던에만 70여 개의 은행(국왕과 귀족의 전유물에서 대중적인 성격으로 바뀜)이 존재함. 18세기와 19세기 200년 동안 산업혁명의 시기에 세계의 1인당 연 평균 소득은 10배 상승하고 생활수준 향상으로 인구도 6배가 증가함. 20세기 후반 돈은 금속 동전, 면, 지폐, 종이수표에서 벗어나 신용카드, 직불카드로 발전함. 통화량의 10%가 전산망을 통해 지출됨.

* 한 표의 차이

1. 1649년 영국의 찰스 1세 처형 1표 차이
2. 1776년 미국이 국어 선택 시 독일어 대신 영어로 함.
3. 1845년 텍사스를 연방정부에 가담시킴.
5. 1868년 앤드류 존슨 대통령을 탄핵으로부터 구함
6. 1875년 프랑스 왕정에서 공화정으로 바뀜(공화국 헌법 353표 대 352표로 가결)
7. 1923년 히틀러를 나치당 당수로 선출

* 최초의 우주비행

1961년 구소련의 유리 가가린이 보스토크 1호로 지구 상공 1시간 29분 일주 함. 1969년 7월 미국의 닐 암스트롱이 인류 최초로 달에 첫 발을 디딤.

* 맹사성(1360 공민왕 9년-1438 세종20년)

최영의 손녀사위, 한성부윤, 대사헌, 예조판서, 이조판서, 대제학, 우의정, 좌의정, 19세에 장원급제하여 20세에 경기도 파주 군수가 되자 자만심이 대단하여 무명선사를 찾아가 "스님이 생각하기에 이 고을을 다스리기에 최고의 덕목으로 삼아야 할 것은?" 하고 묻자, 답하기를, "그건 어렵지 않지요. 나쁜 일을 하지 말고 착한 일을 많이 베푸시오" "그건 삼척동자도 다 아는 이치인데 고작 그것 뿐이요" 맹사성 일어서자 스님 차나 한잔하라고 하며 앉히고 차를 넘치도록 따르자, 방바닥 젖는다고 맹사성 소리침. "찻물이 넘쳐 방바닥을 적시는 것은 알고 지식이 넘쳐 인품을 망치는 것은 어찌 모르십니까?" 스님의 말에 방문을 열고 급히 나가려다 머리를 부딪치자 스님 빙그레 웃으며 "고개를 숙이면 부딪치는 일이 없습니다." 이후 관직이 낮은 사람도 예로 잘 대접해 이름이 높았음.

11
마천루(엠파이어스테이트 빌딩 등)

수평입면과 건물의 높이 1대 5 이상, 1800년 중반까지는 왕궁을 포함하여 4층 건물이 최고, 1885년 시카고 12층(55m) 홈 인슈어런스 빌딩, 1891년 시카고 16층 모나독 빌딩, 1857년 엘리사 오디스 승객용 엘리베이터 개발한 후 1908년 뉴욕의 싱어(미싱)빌딩(47층) 18개월 동안 세계 최고, 1931년 엠파이어 스테이트빌딩은 102층 381m(안테나 탑 포함 448m)로 울워스 고딕 양식, 수용인원 1만 8천 명, 분당 360m 속도, 엘리베이터 65대, 화장실 2500개, 계단 1천 860개, 1년 45일 만에 완공(1929년-1931년)되고 41년 동안 최고(1972년 무역센터 110층 건설 전)로 뉴욕시 공식 랜드 마크로 지정됨.

1위. 두바이의 부르즈 할리파 828M(163층), 2위. 도쿄 스카이트리 634M(69층), 3위. 상하이 타워 632M(128층), 4위. 알베이트 타워 601M(120층), 5위. 핑안 파이낸스 센터 599.1M(115층)

마천루

* **롯데월드타워(554.5m(123층), 2022년 현재 높이 세계 6위)**

2026년 준공예정 현대글로벌 비즈니스 센터(569m 105층)

* **싱어(재봉틀)**

1851년 미국인 아이작 싱어 재봉틀 발명, 1908년 세계 최고 빌딩(187m, 47층) 건립, 1968년 재개발로 없어지고 현재는 브라질과 중국에 공장이 있음.

12
석유 시추

월가의 주식전문 변호사 조지 비셀은 고향을 방문해 석유 샘플을 보고 조명용으로의 가능성을 인식하고 예일대학에 성분 분석 및 용도조사를 의뢰함. 1855년 '다양한 물질로 분류될 수 있으며 값싼 공정으로 양질의 기름을 얻을 수 있다'고 결론이 남. 1년간의 노력 끝에 1859년 펜실베이니아 주 타이터스빌에서 암반 밑 21m에서 시추 성공하자 매일 30배럴씩 원유가 생산되고 배럴당 20달러로 팔림. 15개월 뒤 1860년 말에는 75개의 유정에서 원유가 생산됨. 1880년대에는 등화용으로 우수성을 인정받아 국내 생산량의 60%가 수출됨. 1882년에는 수출량이 816만 배럴로 세계 시장을 거의 독점하고 등유 수요의 증가로 1900년에는 3천 1백 40만 배럴을 생산함. 1879년 러시아 카스피해 부근 바트 유전 개발로 1888년에는 미국 생산량을 앞지름. 1890년대에는 인도네시아의 석유를 개발하기 위해 네덜란드의 반 덴 베르흐는 '로얄 더치'를 설립. 1907년 영국과 네덜란드 자본으로 '로얄 더치셸' 그룹으로 발전. 20세기 들어서면서 난방용으로까지 확대되고 석유 부산물로 얻어진 휘발유와 중유는 용도가 적어 귀찮은 존재가 되었음. 1886년 칼 벤츠가 휘발유 자동차를 보급하기 시작, 1901년 '올즈모빌' 자동차가 생산되어 휘발유와 중유가 본격적으로 보급되기 시작함. 1903년 헨리포드의 자동차 설립, 라이트 형제의 12마력 휘발유 엔진에 프로펠러를 장치한 글라이더 비행에 성공함으로써 휘발유시대의 도래를 예고함. 1908년 'T형 포드'의 대량생산을 계기로 휘발유 사용이 극적으로 증가하게 됨.

* 헨리 포드(1863-1947)

미시간 주의 농부의 아들로 태어남. 기계에 흥미, 15세에 자동차 제작에 몰두, 1903년 40세에 포드와 11명의 동업자들은 2만 8천 달러의 자본금으로 포드자동차를 설립함. T형 모델은 20번째 설계 작품임. 1913년 컨베이어 벨트 시스템으로 평균 조립주기 514분 즉 8.56시간은, 부품 호환성이 완벽하게 확보된 후 조립공들이 작업대 사이 이동으로 2, 3분으로 단축되고 1913년 디트로이트 하일랜드파크 공장을 설립하면서 컨베이어 시스템 도입으로 1.19분로 단축됨. 550달러 판매 가격, 1916년 360달러로, 1920년대 초에는 225달러로 인하됨. 1914년 종업원 임금 하루 2.34달러에서 5달러로 인상하고 종업원 이익분배금을 1천 만 달러로, 근무시간 9시간에서 8시간으로 줄임. 그러나 포드는 "생산성을 올리려는 것이지 자선행위가 아니다."라고 함. 실제 연말 포드자동차의 수입은 3,000만 달러로 급증하고 결근율이 10%에서 0.5%로 하락함.

헨리포드

* 뉴욕의 연방준비은행

모건, 록펠러, 로스차일드 3대 금융 가문이 주도 100% 전체를 민영으로 설계. 연방 준비제도 이사회와 11개 형제 연방 준비 은행들과 협력해 정기적으로 금융부문의 여러 가지 스로틀 밸브를 조절하면서 통화 공급조절과 다른 나라의 통화에 대한 자국 통화의 가치 방어를 함. 뉴욕의 연방 준비은행은 정부 기관으로서 기능하지만 주식은 미국 내 회원 은행들이 소유함. 최고 간부들은 은행들 자체 이사회에서 선출함. 1968년 현재 130억 달러의 금 보유, 전 세계 금 보유량의 4분의 1이 넘는 1만 3천 톤 이상의 금이 러버티 스트리트 지면에서 23m 아래, 해수면에서는 15m 아래의 실제 기반암에 보관하고 있음 (70여 개국의 정부가 맡긴 것), 골드바 하나당 무게는 12.7kg, 미국 정부의 금은 모두 포트녹스와 뉴욕 시금소를 비롯하여 조폐국 산하의 화폐발행 장소에 보관함. 1971년 닉슨 대통령은 금 태환 제도를 종식하자 브레튼우드 체제도 붕괴됨.

* 사이토 다카오

일본 중의원 의원, 1937년 7월 7일 일본은 '노구교 사건'(일본군의 자작극, 행방불명 병사 20분 후 귀대했음에도 중국 주둔지역내 수색고집)을 계기로 중국 대륙침략을 시작, 남경으로 처 들어가 30만 명을 학살하자 일본 국회에서 일본의 중국 침략 규탄을 연설하여 중의원에서 추방됨.

* 덕천가강 유훈

"벼랑길 좁은 길에서는 한 걸음 멈추어 다른 사람으로 하여금 먼저 가게 하라." "맛좋은 음식은 다른 사람과 나누어 먹도록 사양하라. 이는 곧 인생을 사는 가장 안락한 삶의 하나이다."

* 유니언잭(영국국기)

1. 흰 바탕 붉은 +자(잉글랜드의 최초 순교자 성 게오르기(조지)
2. 푸른 바탕 흰 x자(스코틀랜드의 최초 순교자 성 안드레는 그리스 남단에서 총독부인 전도에 x형 처형 3일 후 승천)
3. 흰 바탕에 붉은 x자(아일랜드 최초 복음 전도자 성 패트릭)

유니언 잭은 위 3가지를 합친 것.

유니언잭

* 안전모 발명자

프라하의 예리한 젊은 보험 사무원 카프카. 20세기 현대문학의 새로운 장을 연 '변신'("자신의 존재 의의를 잃고 소외된 채 살아가는 우리 모두는 한 마리의 벌레다.")의 작가. 제1차 세계대전까지 보헤미아와 모라비아 공화국으로 불린 지역에서 종업원 보상관리 및 공장 안전관리자로 근무 중 안전모를 발명함. 1912년 미국 안전협회로부터 금메달을 수여함. 체코 제철소는 안전모 덕택에 1천 명당 사망자 수 25명 이내로 줄어 듦.

13
자주색 염료

중세에는 지중해에서 서식하는 패류의 일종인 뮤렉스 고동(뿔고동)에서 추출한 천연 염료를 사용, 1만 개의 뿔 고동을 벗겨야 1g의 염료를 획득할 수 있었음. 같은 무게의 금보다 20배나 비쌌음. 고대 이후 자색은 아주 귀했고 중세에는 추기경의 색깔이자 '최고의 색깔'이었음. 비잔틴 제국이 멸망함과 동시에 자색 염료의 생산법이 중단되자 추기경의 색이 자색에서 붉은색으로 바뀌고 왕들은 일반 평민의 붉은 색 사용을 금지시킴.

* 계피

고대 이집트에서는 금보다 비싼 특이한 향이 나는 식물이 있었는데 이집트 사람들은 미라를 만들 때 사용한 식물이 계피임. 로마시대에는 계피를 전투에 나갈 때 체력을 유지하는 만병통치약처럼 여겨, 계피 한줌의 값이 한 달 치 월급일 정도로 비쌌음. 계피는 후추, 정향과 함께 세계 3대 향신료로 불렸음. 서양 계피 시나몬은 주로 스리랑카에서 많이 나고 동양 계피 카시아는 중국 남부지방, 베트남 등에서 생산이 됨. 계피는 몸을 따뜻하게 해 주고 찬 기운을 몰아내며 소화가 잘되게 하는 효과가 있다함. 초콜릿, 콜라에도 들어 있음.

* **장강(창강)**

장강 전체 길이는 6,397km. 장강 또는 양쯔강이라고 불리나 상류는 진사강 하류를 양쯔강(하류 구간인 300km)이라고 불리기도 했음. 장강 유역에는 청두, 충칭, 우한 등의 중요공업도시, 난징, 상하이 등의 상업도시를 포함한 중국의 19성이 있고, 전 유역의 인구는 4억 5,000만에 달하고 있음. 1,600km 길이의 대운하를 통해 북쪽의 황허와 베이징까지 연결됨.

* **황허강**

중국에서 두 번째 긴 강으로 길이는 시짱 자치구의 동쪽 고지로부터 발원해 길이는 5,464km임. 유역 면적은 74만 5,000km^2 임. 황허강은 상당 부분이 굽이지고 물길이 사나우며 종종 제방을 넘어 범람함. 황허강 유역은 중국 고대 문명의 발상지로 란저우, 바오터우, 시안, 타이위안 등 도시가 발달했음.

장강

황허

* 파나마 운하

미국 제 26대 대통령 테어도어 루즈벨트는 1904년 남미대륙을 잇는 지협을 가로지르고 대서양과 태평양을 잇는 파나마 운하(64km → 현재 82km) 건설을 주도, 10년간의 공사 후 1914년 완공함. 뉴욕에서 센프란시스코에 이르는 기존 해상 물류루트는 약 22,500km 였으나 파나마 운하 개통으로 이를 9,500km까지 단축함으로써 미국은 세계의 패권을 잡는 중요한 계기를 마련할 수 있었음. 완공 이후 85년간 미국이 관리하다가 1999년 파나마에 그 권리가 이양됨.

---

* 파나맥스(Panamax)

파나마운하를 통과할 수 있는 최대 규모의 선박(너비 32M, 톤수는 7만톤 규모, 보통은 5-8만톤 규모)

* 포스트-파나맥스

파나마 운하 통과 가능한 크기 이상의 선박(초대형 유조선, 컨테이너선, 초대형 항공모함)

* 1초 동안에

1. 명왕선 탐사선이 16.2km를 날아감.
2. 포털 사이트에서 4만 8천 건의 검색이 이루어짐.
3. 전 세계에 아기가 4명씩 태어남.
4. 10번의 번개가 침.
5. 16억 톤의 물이 증발됨.
6. 총알이 900m 떨어진 표적을 관통함.

14
세계 부자들의 씀씀이

* 로만 아브라모비치

1966년생, 러시아 최대 철강회사 에브라즈 그룹 지분 41% 소유, 석유 사업, 2003년 러시아 1위, 런던 켄싱턴 팰리스 가든스에 1,590억 원의 대저택 구입, 첼시의 구단주, 초대형 전용기 3대: 4,000만 파운드 보잉-737, 팔 콘-900, 1억 달러 보잉 767('벤디트' 미사일 전파방해 장비 탑재, 인테리어 비용 1,000만 파운드), 3억 달러 에어버스 380 주문, 세계 최대 규모의 전장 164(미터)m 요트 추정가격 1조 3,000억 원의 이클립스(미사일 방어 시스템, 헬기 착륙장, 잠수함, 영화관, 수영장)를 비롯하여, 슈퍼 요트 5대, 헬기 3대, 결혼 3번, 2007년 이혼 시 3억 달러 지불함.

* 안드레이 멜리첸코

1972년 생, MD방크, 시베리아 석탄회사 수엑 등 소유, 2013년 144억 달러 자산, 러시아 6위, 전 세계 56위, 2005년 미스 유고슬라비아 세르비아 출신 패션모델이자 가수와 결혼 행사 1주일간 치르면서 3,600만 달러 사용(미국 팝가수 크리스티나 아길레라 초대 3곡에 360만 달러 제공), 생일 파티에 할리우드 스타 제니퍼 로페즈 초청 40여 분 공연에 100만 파운드(약 18억 원)지불, 2006년 뉴욕에 초대형 펜트하우스 맨션을 1,220만 달러를 부인에게 선물, 초호와요트인 'A'(부인 알렉산드리아를 상징) 구입비 3억 달러, 전장 119m, 파파라치의 접근 금지를 위해 44대의 보안 카메라 장착, 독서와 여행이 취미, 유명 연예인들을 승선시켜 카리브 해를 유람함.

* 알리세르 우스마노프

1953년 생, 메탈로 인베스 회장, 우즈베키스탄 출신 재산 2013년도 176억 달러, 러시아 1위 이동통신업체 메가폰, 최대 인터넷기업 메일닷루 소유, 펜싱선수 출신으로 2008년 국제펜싱연맹회장, 영국 축구구단 아스날의 2대 주주, 2012년 한 해에 1억 1,260만 파운드 기부, 생활고에 허덕이는 노벨 생리의학상 수상자 제임스 왓슨(86)이 경매로 팔았던 메달을 475만 달러에 낙찰받은 후 이를 원주인에게 돌려줌.

* 파베르제의 달걀

러시아의 황제인 알렉산드르 3세가 1885년 부활절을 맞아 황후에게 선물하기 위해 보석 세공의 명장 칼 파베르제에게 명령해 만든 달걀모양의 장식품, 파베르제는 생전에 50개의 달걀 세공품을 남겼는데 이 가운데 미국의 출판재벌 포브스 가문이 소유한 9점을 백셀베르크(Oligarch, 과두재벌)가 경매 없이 1억 달러에 입도선매함. 미국에 넘어간 러시아의 보물을 되찾아 오는 애국적인 행동으로 그는 크렘린과의 관계개선과 함께 올리가르히에 대한 세간의 부정적인 편견을 깨뜨림.

파베르제의 달걀

* 브루나이 국왕

하사날 볼키아 왕, 브루나이 헌법에 '국왕은 개인적으로나 공식적으로 어떤 잘못도 없다'고 명기. 46년간 절대 권력 누림. 유전은 모두 왕실 소유이고 석유 판매 자본을 다양한 외국기업에 재투자함. 각국 은행에 분산 투자하고 국왕은 220억 달러(약24조 원) 재산 소유가 추정됨. 지난 4년 간 7조원 돈 소비, 전체 GDP 4조 5천억 초과, 일주일에 54백만 달러씩 증가(2009년 추정), 궁전은 1,788개의 방, 골드와 다이아몬드로 장식한 자동차와 황금 마차, 24골드로 도금한 롤스로이스 리무진 14백만 달러(약 140억 원), 왕의 전용기 1억 달러의 747기 구입 후 1억 2천만 달러로 새로 디자인하고 작은 비행기 6대와 2대의 헬기, 침구 위의 거울의 가장자리 다이아몬드, 황금 세면대, 공주의 결혼식 14일 동안 잔치 5백만 달러 비용, 자동차 수집광으로 40-50억 달러의 자동차 보유 추상, 1990년 대 브루나이 왕실이 전 세계 판매된 롤스로이스의 50% 구입(150대), 전체 약 5천 대, 딸린 엔지니어만 150명, 5개의 비행기 격납고에 보관, 604 롤스로이스, 452 페라리, 382 벤틀리, 209 BMW, 179 재규어, 21 람보르기니, 11 에스턴마틴, 슈퍼카 맥라렌 f1 버전 등.

---

* 독서율과 국가 경쟁력 순위

스웨덴 85.7%(9위)
핀란드 83.4%(8위)
영국 81.1%(10위)
미국 81.1%(3위)
독일 81.1.%(4위)
한국 74.4%(26위)
\# 순위는 2015년 세계경제포럼 발표

* 미국의 '1대 99'

미국 상위 1% the haves, 나머지 99% the have-nots, 0.01% the have-mores는 1만 6,000가구(1억 1천만 달러)는 미국 전체 부의 11%를 소유하고 있으며 상위 1% 내에도 '1대 99'의 법칙이 통용되고 있음. 1996-2012년 사이 상위 1%의 부는 연 평균 3.9%로 증가하고 0.01%(1억 1천 만 달러, 약 1,200억 원)의 더 가진 자의 증가 속도는 2배의 속도임.

15
국가별 면적 크기순

1. 러시아 1,709만km^2
2. 캐나다 998만km^2
3. 미국 962만km^2
4. 중국 959만km^2
5. 브라질 851만km^2
6. 호주 768만km^2
7. 인도 328만km^2
8. 아르헨티나 276만km^2
9. 카자흐스탄 271만km^2
10. 수단 250만km^2

* 영국 243,610km^2
* 일본 377,915km^2
* 한국 99,720km^2, 남북한 222천km^2

16
국가별 인구(명)순
(UN 세계인구전망, 2021년도)

1. 중국 14억 4천 5백만

2. 인도 13억 9천 5백만

3. 미국 3억 3천 3백만

4. 인도네시아 2억 7천 6백만

5. 파키스탄 2억 2천 5백만

6. 브라질 2억 1천 4백만

7. 나이지리아 2억 1천 2백만

8. 방글라데시 1억 6천 6백만

9. 러시아 1억 4천 6백만

10. 멕시코 1억 3천만

11. 일본 1억 2천 6백만

...

19. 독일 8천 4백만

21. 영국 6천 8백만

22. 프랑스 6천 5백만

28. 대한민국 5천 1백만

17
세계 제국의 크기순

1. 대영제국 약 3,670만km^2, 1921년경
2. 몽골제국 약 3,320만km^2, 1279년경
3. 러시아제국 약 2,200만km^2, 1914년경
4. 스페인 식민제국 약 1,940만km^2, 1790년경
5. 우마야드 칼리프(이슬람) 시대 약 1,320만km^2, 661-750년경
6. 프랑스 식민제국 약 1,260만km2, 19세기 말
7. 청나라 약 1,110만km2, 18-19세기
8. 포르투갈 식민제국 약 1,040만km2, 1815-1820년경
9. 돌궐 1,040만km^2
10. 당나라 약 1,000만km^2
11. 한나라 약 720만km^2
12. 로마 약 650만km^2
13. 흉노 620만km^2
14. 페르시아제국 약 610만km^2, 기원전 6세기경 세계 가장 거대
15. 마케도니아 제국(알렉산더대왕) 약 570만km^2, 기원전 4세기경
16. 오스만제국 약 560만km^2, 1453년 후에서 1차 대전 종전경

* 중요 국가의 존속기간

동로마제국 1123년(AD330-1453)

프랑스왕국 949년(AD 843-1792)

신성로마제국 844년(AD962-1806)

오스만제국 623년(AD1299-1922)

주 790년(BC1046-BC256)

당 289년(AD618-907)

명 276년(AD1368-1644)

청 267년(AD1644-1911)

신라 992년(BC57-AD935)

고구려 705년(BC37-AD668)

백제 678년(BC18-AD660)

고려 474년(918년-AD1392)

조선 518년(1392년-1910)

* 강태공(139세? 160세? 병법의 시조)

본명은 강상이며 여상, 태공망이라 불리움. 70세가 넘어 위수에서 낚시를 하던 중 문왕을 만남. '고기를 낚은 것이 아니라 세월을 낚음'. 문왕(서백: 주역의 저자)과 아들 무왕을 도와 상(은)을 평정하고 주(790년 존속)를 건국하는 데는 강태공의 권모와 계책이 있었음. 병서 '육도 삼략' 중 '육도'를 지은 것으로 알려짐. 그가 정리한 '태공병법'은 장량이 유방을 도와 한나라를 건국할 수 있었던 것도 그가 황석공에게서 얻은 '태공병법'이었음. 무왕은 건국 후 강태공을 제나라의 제후로 봉하자 제나라를 춘추전국시대 가장 부유하고 개방적인 나라로 만듦.

18
문명의 역사

* 전기의 역사

1866년: 독일 지멘스 발전기 생산으로 전기화 시대

1879년: 에디슨 백열전구 발명

1882년: 에디슨 발전소 건설

* 전화의 역사

1849년: 이탈리아인 안토니오 무치 개발

1876년: 알렉산더 그레이엄 벨에 의해 안정화된 모델 개발

1878년: 보스톤 21대의 전화 보급

1880년: 3만 명 가입

1980년대 중반 상용 휴대전화 개발

* 자동차의 역사

르네상스 시대: 레오나르도 다빈치의 태엽을 감아 움직이는 자동차

1660년경: 네덜란드의 시몬 스테빈은 바람의 힘으로 움직이는 풍력 자동차

1770년: 증기자동차(3륜)

1826-1836: 10대의 증기 자동차와 22인승 버스가 런던시내 운행(시속 16-23km)

1885년: 다임러 가솔린 기관 2륜차, 벤츠 3륜차(1926년 다임러, 벤츠 합병)

1901년: 올즈모빌 양산체제 425대
1908년: T형 포드 한 달에 11대, 1914년 93분에 1대씩, 1920년대에는 하루에 1만 대, 1927년까지 T형 포드 1,500만 7,033대로 전 세계생산의 68%, 헨리 포드(1863-1947, 84세) 자동차의 대중화에 기여
1972년: 폭스바겐 단일 차종 세계 최대생산을 기록

* **기차의 역사**

1803년: 리처드 트레비식 증기기관차(1769년 제임스 와트 증기기관 발명)
1810년: 존 브랭킨슨 상업용 증기기관차
1813년: 조지 스티븐슨(1781-1848, 67세) 첫 기관차 "블리처" 개발
1823년: 첫 기관차공장 설립
1825년: 스톡턴 - 달링턴 최초 철도 부설
1830년: 맨체스터 - 리버풀 개통

한국
1900년: 경인선 개통
1905년: 경의선 개통

* **비행기의 역사**

1783년: 열기구 500m 높이에서 9km를 25분간 이동
1903년: 12월 17일 라이트 형제(고교중퇴) 동력 비행기 최초 성공
1909년: 최초의 단엽기로 프랑스의 블레리오가 만들고 도바 해협 횡단에 성공
1917년: 연합군기 시속 222km(영·프), 독일 아인 데커

1919년: 상업적 비행, 승객 8명
1927년: 미국의 린드버그가 '스프릿 오브 세인트루이스'로 대서양 횡단에 성공
1937년: 제트엔진
1939년: 독일에서 제작된 최초의 터보제트기
1949년: 최초의 제트여객기는 영국의 '코멧'
1958년: B-707, 뉴욕-런던
1969년: 점보 B-747, 시애틀-뉴욕

* 컴퓨터의 역사

1822년 케임브리지대학의 베비지 교수가 기억, 연산, 제어, 축적, 입력장치를 갖춘 계산기 개발

1946년 펜실베이니아 대학 모클리와 에커드가 지금과 같은 컴퓨터 '에니악' 최초 발명(18,000여 개의 진공관, 1,500개의 계전기, 무게 30톤, 150kw의 전력 사용)

1950년 후반-1960년 중반: 2세대 컴퓨터, 진공관 대신 트랜지스터 사용

1960년대 중반-1970년 후반: 3세대, 계산뿐만 아니라 사무 처리도 할 수 있는 범용 컴퓨터, 운영체제(OS) 발달로 다수의 프로그램 동시 처리할 수 있는 온라인 시스템 기능

1970년대 후반부 이후: 4세대 컴퓨터, 하나의 칩에 많은 집적회로를 집적시킨 초고밀집적회로 사용(VLSI)

* 인터넷의 역사

1969년: 미국의 UCLA와 스탠퍼드 대학 연결

1982년 5월: 세계 2번째로 구미전자기술연구소와 서울대 컴퓨터공학과 연결 (전길남)

* 전길남(1943-)

오사카대 전자공학과 졸업, UCLA에서 박사학위(인터넷 창시자의 한 명인 빈튼 서프와 함께 통신기술연구), 1979년까지 나사에서 근무, KIST에서 독립한 한국전자기술연구소의 개발실장, 인터넷 미국 외에 한국이 10년 앞섰음.

* 앨런 튜링(1912-1954, 41세)

컴퓨터 과학의 아버지. 시대를 앞서간 천재 수학자, 최초의 해커, 컴퓨터과학자, 철학자, 인공지능의 창시자, 컴퓨터계의 노벨상인 '튜링상'과 '튜링테스트'의 주인공. 18세 때 케임브리지 킹스칼리지에 입학, 확률론, 수치해석 등에 몰두, 현대통계학의 기본원리인 '중심극한정리'에 관한 논문을 발표하고 미국 프린스턴대학에 입학(박사)하여 연구 연산모델 '튜링기계'를 만듦. 붙잡으려는 미국의 요청을 뿌리치고 영국으로 돌아감. 국립암호학교에 들어가 암호 해독기 일명 '튜링 폭탄'을 고안함. 특유의 암호(에니그마)를 통해 승승장구하던 독일해군 격파에 결정적 역할을 하고 노르망디 상륙 시 암호해독에 큰 도움을 줌. 1952년 동성애 죄로 기소, 법원의 화학적 거세 명령으로 극심한 스트레스에 시달리다가 독을 주사한 사과를 먹고 자살함. 1970년대까지 거의 알려 지지 않음. 2013년 12월 24일 엘리자베스여왕에 의해 사면 복권됨. "인간은 아주 가까운 미래만 알아차릴 수 있다. 하지만 그 안에 무수히 많은 것들이 우리를 기다리고 있다."
-계산 기계와 지성- 논문 중에서

2014. 6. 7. 영국 런던 왕립협회에서 열린 '튜링 테스트'에서 러·우크라이나가 공동 개발한 컴퓨터 '유진 구스트먼'이 오인율 33%로 사상 첫 통과, 심사 위원 33%가 인간으로 착각, 64년 만에 처음으로 합격함.

19
세계의 이민

19세기 유럽에서 4,000만 명이 넘는 사람들이 이민, 1820-1920년 사이 3,600만 명이 미국과 캐나다로, 360만 명 이상이 남미로, 200만 명이 오스트레일리아와 뉴질랜드로 감.

* 즐거운 나의 집

존 하워드 페인(1791-1852, 배우, 시인, 극작가)은 투니스에 영사로 임명되어 10년 봉사 후 1852년 알제리에서 사망. 31년이 지난 후 미국정부 유해 본국으로 이송하면서 군함이 뉴욕항구에 입항하는 순간, 군악대와 예포소리가 울려 퍼지고 대통령, 국무위원, 상하의원 등 수많은 사람의 환영 퍼레이드가 있었음. '즐거운 곳에 날 오라 하여도 내 살 곳은 작은집, 내 집 뿐일세, 꽃 피고 새 우는 내 집 뿐 이리'

-1822년 작-

* 연어

1만 8천 km를 헤엄쳐 산란을 위해 고향을 찾음.

* 율리시스 S. 그랜트(1822-1885)

남북전쟁 당시 남군 총사령관 리장군은 남부 연합의 수도 리치몬드가 함락 당하자 항복을 결심하고 다음날 북군 총사령관 그랜트 장군에게 애포메틱스에서 만나자고 전갈함. 1865년 4월 9일 리장군은 죽을지도 모른다고 생각하고 우아한 장군 정복을 입고 회담장에 참석하자 놀랍게도 그랜트 장군이 내건 조건은 '리장군은 물론 남군 모두는 그냥 고향으로 돌아가라'고 한 것임. 굶주린 남군 패잔병들에게 충분한 식량까지 제공해 주자 남부군의 적개심은 모두 봄 눈 녹듯이 녹아 내렸다 함. 리장군은 전쟁이 끝난 후 평생을 고향을 떠나지 않았으나 단 한 번 워싱턴을 방문하였음. 그것은 18대 그랜트 대통령의 취임식에 참석하기 위해서였음. 그랜트 장군과 리장군은 육군사관학교(웨스트 포인트)의 동기생이었음.

20
산업혁명의 새로운 기술 세 가지

1. 동력의 공급
2. 대형 기계를 만들 수 있는 철강재료
3. 교통망의 발달을 가져옴. 산업 혁명기의 대표적 기업가 아크라이트는 방적기를 제작함. 미국은 조면기 발명으로 1793년 목화생산량 6만 kg에서 1860년 8,260만 kg으로 증대시킴. 노예의 수요는 65만 명에서 400만 명으로 오히려 노예수요를 확대시키고 노예제도의 정착에 기여함. 1811년 영국 러다이트 운동(실업과 생활고의 원인을 기계가 원인이라며 기계장치 파괴)이 있었음. 영국은 1825년까지 기계 수출을 금지하고 완제품만 수출하다가 이후 증기기관, 목면, 공업용 기계 수출이 홍수를 이룸. 1830년에 최초 리버풀-맨체스터 철도가 개설되고 1860년대에는 대부분 유럽이 철도망으로 연결됨. 프랑스를 하나의 국가, 하나의 문화로 만든 것은 철도였음. 그 전에는 정치적으로만 통합.

1838년 영국 그레이트 웨스턴 호 필두 4척의 증기선이 대서양 횡단에 성공.

15일 만에 뉴욕 도착함(종전 23일에서 되돌아 올 때는 조류로 43일 이상). 1840년 브리타니아호와 새뮤얼 큐나드 최초의 대서양 횡단 정규항로 개설.

1930년대 호화크루즈 퀸 메리와 퀸엘리자베스 1호 취항함.

21
전사상 대승

1. 알렉산더(22세)는 3만6천 병력으로 페르시아 다리우스의 10-20만 병력 격파

2. 카이사르(BC57년 43세 때)는 5만의 병력으로 안쪽 8만 명, 바깥쪽 26만 명 계 34만 명을 격파(갈리아전쟁 2년 째)

3. 살수대첩(612년)에서 고구려의 을지문덕장군은 수나라 30여만 명의 병사를 살수(청천강)에서 격파하자 요동성까지 돌아간 병사는 2,700여 명에 불과

4. 인도에서 영국 동인도 회사 직원 로버트가 1757년 용병 3,000명으로 기병 1만 8천 명, 보병 5만 명의 인도, 프랑스 군대 격파(플라시 평원에서 치밀한 계획, 통일된 편제, 정확한 사격으로)

---

* 미 워싱턴 대통령

8년간 대통령 집권 후 부통령 애덤스가 대통령이 된 후 은퇴함. 1798년 프랑스와의 한때 불화로 미국 침략 시 워싱턴에 육군 중장으로 복귀하여 줄 것을 요청하자 쾌히 승낙함.

*손자

손자는 보통 손무 또는 손무의 손자인 손빈에 대한 경칭임. 손무는 춘추시대 〈병법〉 13편을 오 왕에게 보이고 장군이 되었으며, 대군을 이끌고 초나라를 무찔렀음. '싸우지 않고 이긴다.', '약한 것으로 강한 것을 이긴다.'를 이상으로 하는 병법의 원류(BC480년경)를 만듦. 손빈 병법은 당나라 이후에 유실되었는데 1972년 인췌산 한 묘에서 그 죽간이 발견됨.

"적과 나를 알면 백 번 싸워도 위태롭지 않다."

"백 번 전쟁을 하여 백 번 이기는 것이 가장 뛰어난 일이 아니다. 전쟁을 하지 않고 적을 굴복시키는 것이야말로 가장 뛰어난 일이다."

"승산이 많으면 이기고, 승산이 적으면 진다."

"잘 싸우는 자는 먼저 이길 수 있는 태세를 갖추고, 그런 다음 간단히 이긴다."

"승리는 기세에서 구하고, 병사에게서 구하지 않는다."

* 오기(오자, 기원전 ? - 기원전 381)

중국 전국시대의 군사지도자이며 정치가임. 손자와 나란히 병법서의 대가로 위나라 문후에 투항한 오기는 일반 병사들과 똑같이 옷을 입고, 같은 솥 밥을 먹고 병사들의 상처의 독을 직접 빨기도 하며 76번의 전투에서 64번이나 대승을 거둠.

문후의 아들 무후에게 병법을 설명하던 중 무후가,

"아군의 병력이 약할 때 어떻게 대응하면 좋은가?" 하자,

"지형을 활용해야 합니다. 평탄한 장소는 큰 부대에 유리하고 좁은 곳은 작은 부대에 유리합니다. 예부터 이르기를 자신보다 열 배 강한 적과 싸우려면 좁은 길이나 험악한 산악 지형, 좁은 계곡에서 싸우는 것이었습니다. 적은 병력이라도 좁은 지형을 선택해 기습 작전을 펴면 제아무리 강한 적이라도 당황하게 될 것입니다."고 함.

"불리한 지형에서 강한 적을 만났을 때는?"라는 무후의 물음에는

"망설일 것 없이 퇴각해야 합니다. 그러나 갑작스럽게 맞닥뜨려 피할 수 없을 때는 우선 시끄러운 소리로 적을 놀라게 한 후, 적이 당황한 틈을 타서 공격을 가해 적이 혼란에 빠지면 총공격을 감행해야 합니다."고 함.

22
뉴욕

영국인이 처음 뉴욕에 도착하여 네덜란드 소유인 뉴 암스테르담(1626년 60굴덴의 방물과 옷감 주고 인디언에게서 삼)을 양도받고(1664년) 잉글랜드의 York의 새로운 지역이라 하여 New York이라 하고 미국의 역사 시작. 1785-90년 미국 국회가 이곳에서 열리고, 워싱턴 대통령 취임도 뉴욕에서 함.

23
세계에서 가장 오래된 기업

일본의 곤고구미(사찰과 신사, 불교 건물 설계와 시공, 성곽 복원과 수리) 578년 창업하여 2006년 무리한 부동산 투자로 파산(1,428년 존속), 718년에 창업한 고마즈의 호시료칸은 46대가 운영 중임.

* 100년 이상 된 기업 수
일본 1천 년 이상 된 가게 6개
200년 이상 1,600개
100년 이상 23,000개
독일 100년 이상 837개
영국 100년 이상 600여 개
프랑스 100년 이상 400여 개
이탈리아 100년 이상 350개
스위스, 오스트리아, 네덜란드 100년 이상 300개 이상, 네덜란드의 맥주 하이네켄은 1340년 창업
한국 100년 이상: 두산, 동화약품, 몽고간장

* 두산그룹
창업자 박승직은 1896년 서울 종로 4가에서 박승직 상점으로 출발, 2대 박두병회장, 3대 박용곤 회장으로 내려와서 박용곤 회장의 형제들인 박용오(7년), 박용성(3년), 박용현(3년), 박용만(4년) 회장들의 3세대 경영 후 4세대인 박정원 회장으로 승계하였음.

24
에너지의 총량

지구의 화석연료 전체에 저장된 에너지의 총량은 태양이 매일 공짜로 보내주는 에너지에 비하면 무시할 정도임. 태양에너지 중 지구에 도달하는 것은 극히 일부에 지나지 않는데도 그 양은 매년 376만 6,800엑사 줄(1줄은 작은 사과를 수직으로 1m 정도 들어 올리는 데 사용되는 양. 엑사 줄은 1줄의 10억의 10억 배)에 달함. 세상의 모든 식물이 광합성을 통해 받아들이는 양은 약 3천 엑사 줄에 지나지 않음. 인간의 모든 활동과 산업에서 매년 소비하는 양은 5백 엑사 줄 가량으로, 지구가 태양으로부터 90분간 받는 양에 불과하다 함. 태양에너지 외에도 우리 주위에는 핵에너지, 중력에너지 등 수많은 에너지원이 있음.

* 셰일 가스 (Shale Gas)

셰일 가스는 진흙이 수평으로 퇴적하여 굳어진 암석층(혈암, Shale)에 함유 된 천연 가스임. 넓은 지역에 걸쳐 연속적인 형태로 분포되어 있고 추출이 어렵다는 기술적 문제를 안고 있었으나 1998년 그리스계 미국인 채굴업자 조지 미첼이 프래킹(fracking, 수압파쇄) 공법을 통해 상용화에 성공했음. 이는 모래와 화학 첨가물을 섞은 물을 시추 관을 통해 지하 2-4km 밑의 바위에 5백-1천 기압으로 분사하여 바위에 갇혀 있는 천연 가스가 바위틈새로 모이면 장비를 이용해 이를 뽑아내는 방식임. 확인 매장량은 187조 4,000억m^{2}로 이는 전 세계가 60년 동안 사용할 수 있는 규모이며 열량으로 추산하면 1,687억 TOE(Ton of Oil Equivalent)로 석유 매장량 1,888억 TOE와 비슷함. 체굴 중 새어나가는 셰일가스에 의해 지구 온난화가 악화될 수 있다는 경계론이 있음.

*** 국가별 셰일가스 매장량(단위 조m^2)**

1. 중국 36.10
2. 미국 24.41
3. 아르헨티나 21.92
4. 멕시코 19.28
5. 남아공 13.73
6. 호주 11.21
7. 캐나다 10.99(자료 미국에너지정보국)

25
소금

바닷물에는 소금이 2.5%임. 천일염의 가능 지역: 지중해 연안 일부, 인도서부, 오스트레일리아 서부 및 한국이며 그 외 70%는 땅속에서 채취함. 로마는 소금 유통의 중심지였고 소금수출의 증대로 부강함. 로마는 관리나 군인에게 살라리움(라틴어 소금)을 지불, 샐러리맨은 여기에서 유래, 'soldier', 'saldier' 등도 라틴어 'sal(소금)'에 기원, salad는 소금에서 절인의 단어에서 나옴. 221년 중국을 통일한 진시황도 소금 전매제도와 소금 교역 수입으로 군대를 양성하고 무기를 표준화 해 대량 생산하여 통일의 밑바탕이 되었음. 베네치아는 아드리아 해안가 염전에서 생산한 천일염을 알프스지역에 공급함으로 막대한 부를 이룸. 제네바와 베네치아는 소금교역을 놓고 전쟁함. 잘츠부르크는 '소금 성'이라는 뜻. 1789년 프랑스 혁명도 귀족에게는 소금세를 면제해 주고 일반 백성에게는 과도하게 부과한 것이 한 원인이었음.

* 연애의 양과 질

량(量)에 있어서는 시인이며 상원의원이 된 바이런은 200여 명과 염문을 뿌렸으며, 질(質)에서는 국왕의 지위를 버리고 두 번 이혼한 미국의 여인을 선택 한 윈저공과 심프슨 부인의 사랑, 강도(强度)에 있어서는 13세기 이탈리아의 연인 프란체스카 부인과 파오로(시아주버니)의 사랑(10여 년 동안 8,223통의 편지, 남편 리이니 경은 이들을 살해함.)

* **여자들의 립스틱**

프랑스 병원에서 유래하였다 함. 부인이 폐병에 걸려 입술이 하얀 것을 의사가 딸기 물을 발라준 것이 계기가 됨.

* **여자들의 귀걸이**

남자가 여자의 귓불을 잡고 입을 맞출 시 귓불이 작은 여자가 고리를 달았음.

26
면직물

1750년대 전까지 면직물은 중, 인, 미(미시시피)주가 주 생산지였으며 영국은 모직물 중심이었음. 인도는 기원전 3천 년 전부터 면화생산으로 면직물은 세계 최고였고 서기 천년부터 수출, 영국사회는 인도의 면직물이 욕망의 대상이었음. 1758년 프라쉬 전투에서 영국군 3천명이 프랑스 5만 명을 격파하고 조세징수권을 획득하자 공으로 면직물을 영국으로 수송하게 됨. 그러자 영국은 면직물 짜는 기계가 필요하게 되고 석탄의 개발과 증기기관의 개발로 증기기관, 방직기를 개발하게 되어 대영제국은 산업혁명과 면직 산업이 발전하게 됨. 1790년대의 면직물 수출량은 60년 후인 1854년에는 40배의 면직물을 수출하게 됨. 영국에서는 방직기계로 대량생산을 하고 인도에서는 모슬린(고급면직물)을 못 만들게 장인들의 손가락을 자름. 벵골은 1839년 면직물 산업이 붕괴되고 영국은 기계로 만든 면직물을 인도에 역 수출하고 인도는 원료공급지로 전락하게 됨.

* 환어음 취급

약속어음을 담보로 한 신용대출은 중세 초기 유대인들이 시작, 1630년경 환상품과 관계되지 않은 순수한 금융상의 환어음을 취급함.

* 선물거래

16세기 초 곡물에서 시작된 선물거래는 고래 기름, 설탕, 구리, 이탈리아 비단 등으로 확대, 16-17세기 이후에는 미래 시점의 정해진 가격에 매매할 수 있는 권리를 파는 옵션거래가 형성됨.

* 설탕의 값

영국 설탕 4파운드(1.8kg)가 송아지 한 마리 값이었으나 1372년 레반트에서 베네치아 경유 설탕 1kg가격은 수소 두 마리 값이었고 14세기 말에는 수소 열 마리 값까지 폭등함.

* 후추의 값

16세기 초 인도에서 은 1kg에 산 후추는 유럽 항구에 도착하면 금 1kg에 해 당, 인도에서 3두카토에 산 후추는 이집트 65두카토, 베네치아에서 150두카토였음.

* 자기

14세기에 자기를 생산할 수 있는 나라는 중국과 한국뿐이었음.
토기: 7-8백도에서
도기: 8백-1천도
자기: 1천 3백-1천 5백도
14세기 중국산 도자기의 가격은 동일 중량의 금값과 유사, 중국 자기 한 점의 가치가 노예 7명이나 좋은 집 한 채 가격, 1643년 네덜란드 동인도 회사는 중국내 명과 청의 전쟁 때문에 도자기 수입이 불가하자, 이때부터 일본 도자기가 중국 도자기를 대신함. 하멜표류기가 유럽에서 히트

를 치자 네덜란드 동인도회사는 1천 톤급 대형 상선준비 '꼬레아호'로 명명 1669년 출항하여 인도네시아 바타비아에 도착하자 일본막부는 조선과 직교역시 일본 내 네덜란드 무역관을 폐쇄하겠다는 위협으로 이루어지지 못함. 일본은 임진왜란 시 납치한 조선인의 수가 10만 명에 달했는데 그들 대부분이 도공이나 공예기술자였음.

* 포경업

1850년대 보스턴에 인접한 뉴 베드포트('백경'의 무대)는 당시 미국에서 가장 부유한 동네였음. 공장 하나의 가격은 평균 2천 5백 달러, 제조업 공장 하나는 5천 달러에 비해 포경사업에는 2-3만 달러가 소요됨. 큰 향유고래 한 마리는 85배럴의 기름과 다른 부위들을 팔아 3천 달러의 수익을 냄. 향유고래 기름은 연기가 없고 빛이 밝아 가로등이나 실내등에 적합하였고 각질판 수염은 강도와 유연성이 뛰어나 우산살과 여성용 코르셋심으로 이용됨. 장에서 생산되는 용연향은 향수의 원료로 쓰이고 무게로 따지면 금보다 비쌌음.

* 페리호

1853년 미국의 페리호가 일본개국을 요구한 것은 포경선의 기항지를 위해서였음. 도시의 가로등을 위해 고래 기름이 대량 필요하였음.

27
옥스퍼드대학교

영국 잉글랜드 옥스퍼드셔주 옥스퍼드에 위치(1096년부터 교육 시작)하고 영어권 중 가장 오래된 대학교. 가장 영예로운 장학금 로즈장학금을 수여함. 파리 대학의 유학생들이 귀국하여 런던 근처의 상공도시에 정착하면서 대학도시를 형성하였음. 38개의 단과대학과 6개의 permanent private hall로 구성 최초의 칼리지인 유니버시티 칼리지는 1249년 설립(학교형태 공립)함. 1263년에는 베일리얼 칼리지가. 졸업생으로는 글래스턴, 애틀리, 이든, 맥밀란, 마가렛 대처, 토니 블레어, 데이비드 카메론 등 26명의 영국총리, 전 미 대통령 빌 클린턴, 미얀마 아웅 산 수지, 스티브 호킹, 사무엘 존슨, 오스카 와일드 등, 케임브리지 대학은 옥스퍼드대학에서 갈라져 나옴.

* **파리대학교**

1215년에 설립되어 1968년 해체되어 파리 제1대학에서 파리 제13대학까지 설치, 신제 국립 종합대학교로 재출발함.

* 로즈 장학금

영국 자선사업가이자 제국주의자였던 세실 로즈의 유언에 의해 1902년 설립. 매년 미국, 독일, 영연방(최소 5년 이상 거주) 국가의 젊은이(19-25세의 미혼) 85여 명을 선발해 영국 옥스퍼드 대학교에서 무료로 공부할 기회를 주는 제도. 세계에서 가장 명예로운 장학금 중 하나로 인정받고 있으며, 선발된 학생은 평생 '로즈 장학생'이었다는 말이 따라다닐 정도로 사회적, 학문적 인지도가 높음. 역사가 1백 년이 넘었으며 이들에게는 전공별로 2-3년간 옥스퍼드 대학에서 학비는 물론 기숙사 시설과 생활비, 심지어 여행비까지 일체가 지급됨. 학생들을 선발할 때 '높은 학업 성취도는 기본, 성실성과 진지함, 이타적 자세, 타인과 세상에 대한 진지한 관심, 육체적 활력을 중시한다.'고 함. 클린턴 전 미 대통령, 밥 호크 전 호주총리, 클라크 전 나토 사령관, 풀브라이트 전 상원의원 등 세계적인 인물들을 배출.

28
세계적인 로비단체

* 미, 이스라엘 공공정책위원회(AIPAC)

가장 강력한 로비단체, 1947년에 결성되고 한때는 한 해 예산 700억 달러 이상이었음. 총회에는 미국의 대통령을 비롯하여 미국 상하의원 535명 중 400명 이상이 참석할 정도이고 회원 10만여 명으로 연례행사에 만 명 이상의 미국계 유대인들이 참석하는 '신의 조직'임. 이스라엘이 과거 50년간 중동 국가들과 6차례의 전쟁을 치렀지만 패배한 적이 없는 것도 이 단체의 역할이 컸다 하겠음.

* 사사가와 평화재단(www.spfusa.org)

세계 최대 규모의 일본의 공익재단법인. 워싱턴 소재, 연간 예산 5억 달러, 주요 싱크탱크의 예산 절반가량이 해외 연구기금으로 쓰임. 출연자 사사가와 료이치는 1899년생, 한때 무솔리니를 숭배한 파시스트로 A급 전범용의자로 체포 되었으나 출옥 후 중의원, 모터보트 경주사업으로 부를 이룸.

29
노동시간

영국의 공장법은 1833년 하루 12시간에서 1847년 10시간으로, 미국에서는 1914년 포드 8시간에, 주 5일 근무가 됨. 인류가 잠자는 시간 8시간을 빼고 16시간 근무에서 8시간만 일하게 되기까지 5,300년이나 걸림.

* banco(은행)

이탈리아 말로 의자를 banco라 함. 당시 은행들의 집기는 의자와 책상, 금은을 측정하기 위한 저울 등이 있었고 은행들의 파산이 잦았음. 원리금을 돌려 받지 못하자 의자 즉 banco를 부숴버렸기 때문에 파산(bankruptcy)이라는 말이 생겨났음. 영어에서는 bank가 됨.

* 은행

중국의 상인 길드인 '행'은 원거리 지역에 '은'을 사용했는데 행이 금융업의 주체가 되면서 '은행'이라는 말

30
부모를 잃는 비율

1960년대 초, 심리학자 마빈 아이젠슈타트는 유명 시인 및 작가들의 비공식 설문 조사에서 절반이 15살이 되기 전에 아버지 또는 어머니를 여의었다 함. 573명의 걸출한 사람들 가운데 4분의 1은 열 살이 되기 전에 부모 중 한 명을 잃고, 45%는 20살이 될 때까지 부모 중 한 명을 잃음. 표본 집단에 속한 총리들 가운데 67%가 16세가 되기 전 한 부모를 잃음. 조지 워싱턴부터 버락 오바마까지 44명의 대통령 가운데 12명이 젊었을 때 아버지를 여의었음.

* **생택쥐페리(1900-1944, 프랑스의 소설가, 공군장교)**
작품으로는 '어린 왕자', '야간 비행', '남방 우편기', '인간의 대지' 등이 있음. 제 2차 세계대전 중 프랑스가 독일에 함락 되자 미국으로 탈출해 육군 정찰기 조종사로 연합군에 합류 프랑스 남부해안을 비행하다가 행방불명이 됨.

"서로의 눈을 마주 보는 것이 아니라 같은 방향을 보는 것, 그것이 사랑"

"사막이 아름다운 것은 어딘가에 샘을 숨기고 있기 때문이다."

"그것이 관습이든, 한 가족의 자취라든, 추억의 집이든 좋다. 인생에 있어서 가장 중요한 것은 돌아올 곳을 지향하면서 떠난다는 것이다."

"행복하게 여행하려면 가볍게 여행해야 한다."

"미래에 관한 한 그대의 할 일은 예견하는 것이 아니라 그것을 가능케 하는 것이다."

"정해진 해결법 같은 것은 없다. 인생에 있는 것은 진행 중의 힘뿐이다. 그 힘을 만들어 내야 하는 것이다. 그것만 있으면 해결법 따위는 저절로 얻게 되는 것이다."

"마음으로 보아야만 분명하게 볼 수 있어, 정말 중요한 것은 눈에 보이지 않는 법이거든."이라고 함.

* 앤디 워홀(1928-1987, 58세)

카네기 멜론대 산업디자인 전공, 200달러로 뉴욕에 온 지 38년 만에 남긴 재산(의료사고로 사망)은 부동산만 1억 달러, 자택 27개의 방에 개봉도 하지 않은 상자와 쇼핑 백, 피카소를 비롯한 대가들의 작품들 가득, 소더비 옥션에서 첫날 경매에 1만여 명의 사람들, 실크스크린으로 그린 첫 작품은 '돈', 작업실은 공장, 대량 시스템 가동, 대상 유명인들은 마릴린 먼로, 케네디, 마오쩌둥, 다이애나 비, 마이클 잭슨 등이었으며 상업미술에서 사업미술로 마치기를 희망함.

* 파바로티(1935-2007, 71세)

유명 소프라노 가수가 해외 순연공연 후 독창회 열기로 되었으나 비행기 연착으로 늦어지자, 사회자는 대타가수 소개, 곡이 끝나도 아무도 박수 안

침, 그 때 2층 출입구에서 한 아이가 큰 소리로 "아빠, 정말 최고였어요!" 신인 가수의 눈에 눈물이 반짝, 청중들도 하나 둘 미소, 일어서 모두 박수, 파바로티 한 오페라 공연에서 한 시간 동안 박수 165번의 커튼 콜(베를린 도이치오퍼에서 '사랑의 묘약' 아리아 '남몰래 흐르는 눈물'을 부를 때 1시간 7분 기록, 기네스 북 기록), 1991년 런던 하이드파크 공연에 황태자-다이애나 부부 등 15만 명, 2년 후 뉴욕 센트럴파크 공원 50만 관객, 이후 파리 야외공연 30만 명, 1990년 3테너 첫 번째 공연에 1,000만 장의 음반과 700만 개의 영상물 판매, 축구의 유벤투스의 광팬이며 자동차 운전과 그림그리기를 좋아했음.

1961년 결혼한 아내 '아두아'는 고향에서 세 딸과 함께 조용히 살며, 2000년 1억 2천만 달러 위자료로 이혼함.

* 선율(melody 가락)

그리스의 '멜로스(melos)'서 온 말. 음의 고저에 길이(리듬적 요소)도 포함됨. 리듬(rhythm), 화성(harmony)과 함께 음악의 3요소 중 하나.

* 리듬(rhythm 운율)

음의 모임의 일정한 형태 또는 그 변화로써 주기적으로 되풀이되는 형태를 말함. 실제로 센박과 여린박(강약)을 규칙적으로 배치하여 시간적인 흐름에 질서감을 나타냄.

* 생태계 파괴하지 않을 적정 인구

생태계를 파괴하지 않고 지구에 생존할 수 있는 인구는 5천만 명, 100만 년 전 지구상의 인구 약 13만 명.

* 1만 시간의 학습

"성공은 무서운 집중력과 반복적 학습의 산물이다.
1만 시간은 대략 하루 3시간, 일주일에 20시간씩 10년간 연습하는 것. 1만 시간은 위대함을 낳는 '매직 넘버'이다." -말콤 글래드웰-

---

* 글로벌 엘리트들이 가고 싶어 하는 곳

다보스, 오스카, 칸 영화제, 선 밸리, TED 컨퍼런스, 테디 포스트만 컨퍼런 스, UN 위크, 패션 위크, 윔블던 위크.

* 매일 1%씩 나아지라

일본 혼다 때문에 1980년 대 30억 달러의 적자 기록한 포드사는 미국 경영 의 대가 데밍 박사를 초청, 미국으로 돌아 온 데밍 박사는 '매일 1퍼센트씩 나아지라'는 주제 강연 후, 2년 후 60억 달러의 흑자 전환에 성공, 100일도 되지 않아 200퍼센트가 됨.

* 성공과 실패

캐나다 맥길 대학교의 한 품질학 교수는 1990년도 하버드 비즈니스 스쿨을 졸업한 19명의 우등생을 추적한 결과, 열 명은 실패자로 전락, 네 명은 각자 저마다의 곤경에 처해 있었으며, 나머지 다섯 명만이 제법 성공함. 직장에서 어떤 경험을 쌓느냐에 따라 인생이 달라졌음.

---

* 볼링의 킹 핀

볼링에서 스트라이크를 치려면 5번 핀을 쳐서 넘어뜨려야만 10개의 핀이 다 쓰러짐. 킹 핀이 핵심 목표임.

* **아이젠하워**

미군은 역사상 열 명의 오성장군을 배출함. 아이젠하워는 다른 장군들에 비해 못 미치는 집안 출신이었으나 가장 빨리 진급하여 NATO의 연합군 최고 통수권자가 됨. 퇴역 후 콜롬비아 대학교 총장, 미국 대통령이 됨. 맥아더 장군의 회고에 의하면 "나더러 가장 뜨거운 학구열을 가진 열 명을 추천해 보라고 한다면 한 사람의 이름 밑에 아홉 명의 이름을 적으면 됩니다. 가장 먼저 명단에 이름을 올릴 사람은 아이젠하워입니다."라고 함.

* **레드우드**

미국 켈리포니아주 서쪽 해안가의 레드우드 주립공원내의 '코스트 레드우드'는 평균 100m 높이이나 그 중 히페리온 종자는 116m, 화창한 날씨에는 연간 1.8m 성장, 300년이 지나면 100m 이상의 거목이 됨. 중력의 작용으로 뿌리는 일정 높이 이상 수분을 끌어 올리지 못하지만 흡수하는 수분의 25-50%를 '안개'에서 끌어 옴. 안개 짙게 끼는 날이면 무려 700kg을 꼭대기 잎에서 흡수함. 미국 켈리포니아주 세콰이어 국립공원 내 세콰이어 나무는 2200-2700년생의 화석식물로 키 60m로 여러 곳에 집단 서식함. 미국 캘리포니아 인요국립공원 므두셀라는 4,853살(2022년)임.

31
세계 인구의 추이

100만 년 전: 약 13만 명

1700년: 약 7억 명

1800년: 약 9억 5천만 명

1900년: 약 16억 명

2000년: 약 60억 명

2015년: 약 73억 명

2050년: 약 94억 명 예상

32
세계 동물 수

오늘 날 세계에는 10억 마리의 양, 10억 마리의 돼지, 10억 마리 이상의 소, 25억 마리 이상의 닭이 존재함. 지구상에서 가장 널리 펴져 있는 대형 포유류 순서는 1. 사람, 2. 소, 3. 돼지, 4. 양임.

* 미 CEO 최고 연봉

1위 오라클 창업자 래리 엘리슨 7,840만 달러(810억 원), 2위 월트디즈니 CEO 로버트 아이거 3,430만 달러, 3위 미디어 재벌 머독(뉴스코퍼레이션 회장) 2,610만 달러

33
국가별 노벨상(2021년 현재)

총 975명, 28개 단체

1. 미국 400명 2. 영국 138명 3. 독일 111명 3. 프랑스 71명 5. 러시아 32명 5. 스웨덴 32명 7. 일본 29명 8. 캐나다 28명 9. 스위스 27명 10. 오스트리아 22명 10. 네덜란드 22명

---

* 세계의 억만장자 순위(Forbes 발표 2022년 현재)

1. 일론 머스크(테슬라) 2,190억 달러
2. 제프 베조스(아마존) 1,770억 달러
3. 베르나르 아르노와 가족(LVMH) 1,580억 달러
4. 빌 게이츠(마이크로소프트) 1,290억 달러
5. 워렌 버핏(버크셔 헤서웨이) 1,180억 달러
6. 래리 페이지(알파벳 주식회사) 1,110억 달러
7. 세리게이 브린(알파벳 주식회사) 1,070억 달러
8. 래리 엘리슨(오라클) 1,060억 달러
9. 스티브 발머(마이크로소프트) 914억 달러
10. 무케시 암바니(릴라이언스 사업) 907억 달러

34
유명 체인 스토어

* **맥도날드**

1955년 밀크셰이크를 섞을 수 있는 멀티믹서의 독점판매자 레이 크록 (1902-1984)은 일괄 작업방식을 도입하여 햄버거, 감자튀김, 밀크셰이크를 대량으로 파는 맥도날드 형제가 운영하는 식당을 방문, drive-through 레스토랑 체인을 설립하고 계속 확대하면서 1961년 맥도날드 형제의 지분을 270만 달러에 모두 매입함. 햄버거 크기의 표준화, 조리기구 재설계, 표준화와 자동화를 중점적으로 추진, 고객에 있어서의 가치, 제품의 품질과 예측 가능성, 대기시간, 절대 청결, 친절을 강조, 82세 사망 때까지 사장에 있음.

* **스타벅스**

하워드 슐츠(1953-)는 마케팅과 커뮤니케이션을 전공하고 가정용품 판매 활동을 하던 중 4개의 점포를 가진 스타벅스를 눈여겨 봄. 매니저로 들어가 레스토랑 개념을 도입한 이탈리아식 커피전문점(커피가 아니라 문화를 팔자)을 사장에게 건의하였으나 관심이 없어 스타벅스를 그만두고 지오날레라는 커피 체인점을 직접 설립하고 운영하던 중 스타벅스의 소유주는 다른 커피 체인점 운영을 위해 인수를 제의해 옴. 1987년 380만 달러에 인수 후 지오날레와 합병하고 신제품 카페라테를 개발, 일자리 보장과 높은 임금, 건강보험, 스톡옵션 제공, 경쟁업체들을 계속 인수하고 시내 번화가 코너와 대형 사무실 빌딩 1층에 무조건 점포개설(부동산 독점

전략)을 함. 2022년 전 세계 3만 3천 개의 매장, 농구를 좋아하는 슐츠는 시애틀 NBA팀 슈퍼소닉스를 인수, 고객이 줄자 슐츠 다시 등장, 중국 등 아시아 시장에 집중함.

* 유명기업

* 월마트

아칸소 주 벤튼빌 근처 공항에는 월마트 전용비행기 5-6대가 전 세계로 날아감. 인공위성을 보유하고, 매출 4,821억 달러(2016년 Fortune 1위), 창업주 샘 월튼은 1962년 아칸소 주 북서 소도시 로저스에 잡화점 개업, 미네소타 주 벤 프랭클린 잡화점의 새로운 계산대(중앙계산대)운영을 확인하기 위해 960km를 12시간의 버스를 타고 감. 2009년도 세계 16개국의 재정수입을 합쳐도 월마트 한 곳의 수입에 못 미침. 위성과 컴퓨터 시스템으로 2009년 현재 세계적으로 7,900개 매장과 수만 개의 공급업체를 관리, 직원 수 210 만 명, 델컴퓨터와 물류회사 페덱스가 결합한 주문식 생산 및 시스템은 재고율 0%, 상품에 대하여 '무 소유권'과 '무 재고원칙'을 고수, 여러 번 500대 기업 중 1위.

〈성공이유〉
1. 창업자의 탁월한 역량
2. 고객 중심 서비스
3. 유통업계 최초 종업원 이익 분배 시스템.
4. Everyday Low Price(언제나 저가)
5. 적하장 교체를 위해 GPS를 달고 스케줄 조정, 기업의 '최소요건'과 '비교우위요건'을 중요시 함.

매출액 5,760억 달러(2021년)

자산총액 2,525억달러(2021년)

종업원 수 220만 명(2020년)

---

* 매출액 순위(2022년 현재)

1. 월마트 576.01B 달러 (미국)
2. 아마존 477.74B 달러 (미국)
3. 페트로차이나 443.43B 달러 (중국)
4. 아람코 393.92B 달러 (사우디아라비아)
5. 애플 386.01B 달러 (미국)
6. 시노펙 383.99B 달러 (중국)
7. 버크셔 해서웨이 353.16B 달러 (미국)
8. 중국건축공정 307.67B 달러 (중국)
9. 엑슨모빌 306.87B 달러 (미국)
10. CVS 헬스 209.84B 달러 (미국)

* 이스트먼 코닥

이스트먼은 은행원으로 밤에는 사진개발에 몰두, 1880년 이스트먼 건판 필름 회사를 설립, 1888년 이스트먼 코닥으로 변경, 1927년 미국의 사진 업계를 독점, 종업원의 노동의욕 향상을 위해 처음으로 노사 간 이익분배 방식을 도입, 1976년 즉석 사진기 제조사인 폴라로이드사가 특허 침해를 이유로 제소, 패소로 8억 7,300만 달러의 손해배상 판결, 15억 달러 투자한 공장 폐쇄, 1,600만 개의 즉석카메라 회수에 5억 달러 지출(계 28.73억 달러), 1975년 디지털 카메라 특허 냈으나 개발 투자와 연구에 소홀, 2006년 연속 7분기 적자, 2007년 필름 생산중단.

* 제록스

1960년대의 가장 괄목할 만한 기업, 1959년 제로그래피 방식의 사무용 자동 복사기를 출시하여 매출액 330만 달러를 올리고 1966년 5억 달러를 달성. 1959년 주식 시세는 1967년 초에 66배의 수익을 가져옴. 제록스의 성공을 이끈 속성은 '이상주의와 불굴의 정신, 위험을 감수하려는 용기, 정열'이었다 함.

* 파레토의 법칙

이탈리아의 사회학자이며 경제학자인 파레토(1849-1923)는 인류역사는 엘리트의 쇄신과 교체의 끊임 없는 순환으로 이루어진다고 하고 소득 분포를 설명함에 있어서는 '사회 전체부의 80%를 20%의 소수가 차지하고 있다'는 80대 20의 법칙을 주장함. 이는 비즈니스에서도 20%의 고객이 80%의 매출을 올리고 있는 것으로 계산하여 20% 고객에 대한 중요성을 인식시킴.

* 전인지

한국의 여성 골퍼 전인지(1994년생)는 2016년 9월 18일 LPGA 투어 에비 앙 챔피언십에서 합계 21언더파(4라운드 합계 263타)를 기록함. LPGA는 물론 PGA 통틀어 메이저대회 최다 언더파의 세계신기록을 달성함. 종전 기록은 PGA 제이슨 데이(호주)와 헨리크 스텐슨(스웨덴)이 세운 20언더파였음.

* **히말라야 등정**

1950-2006년 사이 히말라야 등정에 성공한 사람은 2,854명, 추락사 9%인 255명 중 정상을 밟은 직후가 48%였음. '히말라야는 자만을 받아들이지 않는다.'를 암시함.

---

* **토막상식**

- 대학진학률: 한국 70%, 스웨덴 57%, 독일, 스위스 30%
- 출산율: 한국 1.19명, 미국, 영국, 프랑스, 덴마크 1.8-2.0명, 일본 1.37명. 독일 1.36명
- 국가부채(2021년): 한국 51%, 일본 257%, 그리스 207%, 이탈리아 155%, 미국 133%, 프랑스 116%, 영국 109%, 중국 69%
- 히말라야 8,000m 봉우리 14좌를 오른 한국인: 엄홍길, 박영석, 한왕용
- 골프 최장타자: 케나다 제이미 새들로스키(27), 키 1m81cm, 체중 75kg, 어깨, 엉덩이 회전차이 'X-펙터' 117도, 메킬로이의 2배, 공식대회 445 야드(2011년), 비공식 475 야드(2012년)
- 세계에서 가장 키가 큰 사람: 미국의 로버트 와드로우 2m 72cm(22세)

35
강입자 가속기 LHC
(Large Hardron Collider)

1998-2008년 건설, 제네바 지하 175m에 둘레 27km의 원형으로 만들어 진 지상 최대의 실험 장치임. 힉스입자가 LHC에서 양성자 충돌 실험으로 확인되었으나 표준 모형을 정밀화하는 작업과 예측치 못한 새로운 입자의 발견이 필요함. 우리가 알고 있는 세계는 5%에 불과하고 우주를 구성하고 있는 물질의 95%는 우리가 모르는 암흑 물질과 암흑 에너지로 되어 있음. 우주에는 네 가지 힘인 전자기력, 약한 핵력(약력), 강한 핵력(강력), 중력이 있음. 현재는 전자기력과 약력, 강력을 아우르는 방정식을 물리학자들이 내 놓았으나 남은 것은 이 세 가지 힘과 중력과의 통합임. 미래형 원형 가속기 FCC(Future Circuler Collider)가 검토되고 있음. 크기는 LHC의 3배인 100km 길이가 될 것으로 예상됨. 중국학자들이 랴오둥반도 쪽에 원형가속기 건설을 제안함.

유럽입자물리연구소(CERN): 1954년 유럽 12개국 공동 출자 이후 회원국 21개국, 직원 2,800명, 이 중 2,000명이 연구원으로 연간 예산 1조 2,000억 원으로 회원국들이 비용을 분담함. 원형 가속기 내에서 2개의 양성자 빔을 광속에 가까운 속도로 가속해 충돌시키는 원리를 사용함. LHC안 터널을 빛의 속도로 1만 바퀴 이상 돌다가 반대 방향으로 달리던 양성자와 충돌시키는 것임. 14테라전자볼트(테라는 1조를 뜻함)를 가동시킬 예정임. 윔프와 액시온이라는 암흑물질인 가상 입자를 찾고 있음. 1초에 약 1억 개의 입자가 생기는데 여기서 나머지 입자를 없애고 충돌 파편들을 초정밀 검출기를 통해 추적한다 함.

* 국제 핵융합 실험로

ITER(International Thermonuclear Experimental Reactor)

프랑스 남부 카다라슈에 2025년까지 건설완료 예정. 프랑스, 독일 등은 15 조-18조원을 투입(프랑스, 독일 등 EU국가들이 전체 예산의 45.5%, 나머지 참가국들이 9.1%씩 부담)하고 국제 핵융합 실험로(ITER)를 제작하는 데 한국은 건설에 참가하고 있음. 60만m^2 부지에 지하 3층, 지상 7층인 발전소 등 39개 건물이 들어설 예정임. 발전소 가운데는 높이 30m, 폭 30m에 무게 가 2만 3,000톤이나 되는 핵융합로가 장착될 예정임. 핵융합발전은 바닷물에 포함돼 있는 중수소를 1억도 이상 고온에서 충돌시켜 중성자가 튀어나오게 한 뒤, 중성자의 에너지를 열로 바꿔 물을 데워 발전기를 돌리면 전기가 생김. 태양이 빛과 열을 내는 것도 수소 핵융합 반응 때문임. 바닷물 1리터 속에 포함된 0.03g의 중수소로 무려 석유 300리터에 해당하는 전기를 얻는다 함. 현재 가장 발전효율이 높은 원자력과 비교해도 4배 이상 뛰어나고 무한한 수소가 연료이며 방사성 폐기물 걱정을 하지 않아도 되는 것이 장점이라 함. 일명 인공태양을 건설하는 것이라 함.

* 인공 강우탄

5,000m-8,000m 상공에서 폭발시켜 포탄 속에 있던 입자를 구름 속에 방출해 비를 만들어 내는 원리임. 7발 발사에 1만 7천 5백 위안, 한발 당 가격 약 45만 원, 1회 발사에 4-8발(180만 원-360만 원)발사를 함. 인공 강우탄으로 화재진압도 함. 구름 속에 요오드화은이나 염화칼륨을 살포해 비를 내리게 하는 원리, 비를 내릴만한 조건이 2% 부족한 상황에서, 인공 강우탄을 쏘아 2%를 충족시킨 뒤 비를 내리게 하는 원리임.

* 제타바이트

2015년 전 세계 디지털 정보의 규모는 7.9 제타바이트, 제타는 1뒤에 0이 21개가 붙음. 1제타바이트(10억 테라바이트)는 1백만 페타바이트이고, 유사 이래 인류가 모든 언어로 기록해 온 전체 작품은 50 페타바이트면 충분하다 함.

* 인공지능과 인간

인공지능: 반복되는 현상들을 관찰해 법칙을 형식화하는 사고구조에 특화되어 있음. 즉 귀납법으로 사고함. 인간의 감정까지는 갖고 있지 못하기 때문에 소통의 동기 부분이 취약함.

인간: 연역법('모든 인간은 죽는다', '소크라테스는 사람이다', '그러므로 소크라테스는 죽는다')과 귀납법(개개의 구체적 사실로부터 일반적인 명제 및 법칙을 유도)을 자유롭게 사용해 선택한 가설을 검증할 능력이 있고, 합리성과 비합리성, 규칙성과 불규칙성을 조합하는 것은 인간만 가능, 인간은 규칙을 깨고 새로운 과학, 문학, 예술을 창조할 수 있음. 혁신은 예측할 수 없는 비전, 공감, 영감에 따라 나타나기 때문임.

* 6세 때 책 읽어주기(딥 러닝)

생체학자 스카몬(Scammon)의 뇌 성장곡선에 따르면 갓난아기의 두뇌중량은 성인의 25% 수준이고 1세가 되면 50%, 3세 때 75%, 6세까지 성인 중량의 90%에 도달함. 인공 지능의 딥 러닝(deep learning: 인공 기계학습) 하듯이 5-6세까지 영. 유아에게 책을 접하도록 하는 것이 필요하다는 것. 신시내티 어린이병원의 존 휴튼 박사팀은 부모가 3-5세 자녀에게 동화책을 읽어 주었을 때 아이들의 청각과 시각 정보 처리를 담당하는 좌뇌 속 일정 부위가 활성화 된다는 사실을 발견함. 이스라엘 역사학자 유발 하라리도 인공지능이 아무리 발달해도 인간의 감성은 흉내 낼 수 없으므로 감성지능(emotional intelligence)을 개발해야 하고 어릴 때부터 다양한 책과 지식, 경험을 접할 것을 추천함.

* 보이저 1호(Voyager 1) : - 인류의 꿈을 싣다 -

목성, 토성의 위성과 고리, 태양풍과 성간 물질의 입자 관찰을 위해 1977. 9. 5일, 미국 플로리다 케이프 케너베럴에서 우주로 발사한 보이저 1호(722kg의 무인 탐사선)는 1979년 3월에 목성, 1980년 11월에 토성을 지나 2012년 8월에는 태양계를 벗어나고 40년이 지난 2017년 9월에는 지구에서 약 208억 km 떨어진 '인더스텔라'라는 성간 공간을 지나고 있음. NASA는 현재 교신신호를 보내 회신하는 데 38시간이 걸린다고 함. 보이저 2호와 함께 40년 이상 우주공간을 날고 있는 것은 중력의 보조와 함께 원자력 배터리의 공이 크다 함. 발사 시에 싣고 간 금빛 구리 레코드판에는 한국말 '안녕하세요'를 비롯해 55개국의 인사말과 바흐의 브란덴부르크 협주곡 2번을 비롯한 클래식 음악과 바람소리와 빗소리를 담은 90분 분량의 음향, 남녀 모습과 지구 환경을 담은 115장의 사진도 들어 있음. 2020년대 중반까지는 배터리의 성능이 살아 있어 통신이 가능할 것으로 기대되고 이 이후에도 수 십억년 간 우주 여행은 가능하다 함.

* 미래 기술의 핵심

IT(Information Technology)
BT(Bio Technology)
NT(Nano Technology)

* 웹 개발자: 팀 버너스 리(Tim Berners-Lee 1955-)

웹(World Wide Web)의 창시자이고 영국의 컴퓨터 공학자, 옥스퍼드대에서 물리학을 전공, 아버지는 수학자이며 컴퓨터 과학자, 졸업 후 유럽입자물리연구소(CERN)에 취직, 이 시절 web을 개발, 1989년 '링크'를 클릭하거나 www로 시작하는 주소를 쳐 넣는 것만으로 원하는 정보가 담긴 공간으로 이동할 수 있는 프로그램 web(거미집)을 만들었음. URL, HTTP의 최초 설계자, 이후 미국 MIT로 자리를 옮기고 인터넷의 대중화를 이끌었음. 웹을 1991년 공개하면서 특허권이나 특허료 등 일체의 이익을 취하지 않았음. "웹의 정신은 공개와 공유"라고 믿음. 2016년 컴퓨터학계의 노벨상이라고 불리는 '튜링상'을 수상함. 2022년 '서울평화상' 수상.

* 삶 이후의 삶 연구가 이안 스티븐슨

이안 스티븐슨(Ian Stevenson 1918-2007)은 미국 버지니아 의과대학의 정신과 교수로 50년 간 근무하면서 삶 이후의 삶에 대한 연구를 가장 객관적이고 주밀한 분석으로서 함. 환생(rebirth) 혹은 윤회(reincarnation)연구에 독보적인 학자였음.

스웨덴의 신학자이며 천문학자인 에마누엘 스베덴보리(Emanuel Swedenborg 1688-1772)는 27년간 체외이탈을 통해 천당과 지옥이라고 믿어지는 영계를 수없이 왕래하였다 하고, 덴마크의 성자 마르티누스(1890- 1981) 역시 탈혼하여 영계를 왕래하였다고 함.

인간 모두가 가야하는 삶 이후의 세계에 대하여 국가나 종교단체가 가장 앞장서서 연구를 해야 함에도 불구하고 가장 소홀했던 분야를 관심있는 개인들만이 산발적으로 연구를 해 오고 있음.

36
퍼스트 클래스 승객

1. 일등석 사람들은 펜을 빌리지 않는다(항상 메모하는 습관).
2. 일등석 사람들은 전기와 역사책을 읽는다.
3. 일등석 사람들은 자세가 다르다(자세가 바르고 시선의 각도가 높다).
4. 일등석 사람들은 대화를 이어주는 '톱니바퀴' 기술의 전문가다(다른 사람의 이야기 경청).
5. 일등석 사람들은 승무원에게 고자세를 취하지 않는다(바쁜 중 미안하지만).
6. 일등석 사람들은 주변 환경을 내편으로 만든다(주위 승객에게 인사, 인맥 형성).

-국제선 스튜어디스 미즈키 아키코-

* 비행기의 일등석

일등석 5.2m^2, 일반석 0.8m^2로 6.5배 큼, 의자 가격 2억 5천만 원(아시아나 7억 원), 비즈니스 5천만 원, 일반석 400만 원 소요, 기내식 단가 일등석, 비즈니스, 일반이 6대 3대 1 수준임. 퍼스트 클래스는 비행기 좌석의 3%이고, 부유층 구성비도 3%임.

* 비행기의 Critical time 과 항로 설정

비행기 이륙시의 평균 시속은 항공기의 이륙 중량에 따라 다르지만 약 시속 270-300km에서 이륙함. 항공기의 Critical time 이란 이륙 후 3분,

착륙 전 8분을 가리킴. 항공기가 이륙 후 3분이면 충분한 안전 고도를 취할 수 있고 착륙 전 8분은 착륙을 위해 바퀴를 내리고 속도를 낮추기 위해 항력장치를 사용하기 때문에 조종사는 이 시간에 최대한 집중력을 쏟음. 오고 가는 항로의 안전을 위해 항공기 고도 배정은 항로관제기관에서 1,000FT 간격으로 배정하여 운행함.

* '허드슨 강의 기적'

2009년 1월 15일 US에어웨이 소속 1549 편(에어버스 A320)이 이륙 4분 후 갑자기 심각한 엔진문제가 발생(새 떼와의 충돌로 사후 판명), 6,000만 달러의 비행기 비상착륙에 고민, 기장은 추위로 얼어붙은 허드슨 강위에 착륙시키는 데 성공, 기장은 승객과 승무원 전원의 기체 탈출을 두 번이나 확인 후 구조선에 몸을 실음. 패터슨 뉴욕지사, 블룸버그 뉴욕시장은 '비극적인 사고'를 '허드슨 강의 기적'으로 바꾼 영웅으로 칭송하였음. 155명의 소중한 생명을 선택한데 대하여, 수천 통의 메일과 63만 5천 명이 페이스 북을 다녀감.

주인공 기장은 체슬리 슐렌버거 3세였음.

* 야구의 본루 도루

도루를 위해서는 투수는 공을 60피트만 던지면 되나, 도루 주자는 90피트를 발로 뛰어야 하고, 2루나 3루로 도루하는 경우에는 투수가 도루 주자에게 등을 돌리고 서 있으나 본루 도루 경우는 바로 시야 내에서 주자를 보기 때문에 투수가 공을 던지기 쉬움. 중요한 것은 도루가 실패할 경우 주자는 거의 만들 어 놓은 득점기회를 잃는다는 것이고 이 경우 본루 도루에 성공한다 해도 물리적 충돌로 부상당할 확률이 다른 베이스로 도루해서 부상당할 확률에 비해 네 배가 높다 함. 야구 역사상 가장 도루를 많이 한 리키 헨더슨은 선수 생활을 통틀어 1,400회 도루에 성공했지만, 그 중 순수하게 본루를 도루한 경우는 단 한 번이었고, 두 번째로 도루를 많이 한 루 브록은 총 938회의 성공적인 도루 가운데 본루 도루는 단 한 번도 없음.

* 재키 로빈슨(1919-1972)

최초의 흑인 메이저리거이며 최초의 흑인 야구해설위원인 재키 로빈슨은 특별하게 본루 도루를 19번 달성함. 1997년 메이저리그 사무국은 인종의 벽을 허문 그를 기리기 위해 그의 백 넘버인 '42'번을 전 구단 영구 결번으로 지정했음.

* 위대한 조연 '피 위 리즈'

1947년 메이저 리그의 브루클린 다저스와 신시내티 레즈의 경기가 있을 시 경기가 시작하기도 전에 장내는 이미 긴장감으로 가득했음. 그것은 미국의 첫 흑인 선수가 메이저 리그에 데뷔하는 역사적인 경기였기 때문임. 흑인 내야수 '재키 로빈슨'이 그라운드에 모습을 나타내자 그 순간 관중들은 일제히 야유 를 보내기 시작하고 이 곳 저 곳에서 인종 차별의 함성과 욕설이 무차별로 터져 나옴. 상대 팀 선수들도 싸늘한 표정으로 흑인 선수의 등장을 바라보고 있었을 때 다저스의 유격수 '피 위 리즈'는 글러브를 벗더니 천천히 '재키 로빈슨'에게 다가가 가볍게 끌어안더니 어깨에 손을 올리고 웃으며 대화를 나누자 야유로 가득했던 경기장은 순간 정적에 휩싸임. 그리고 메이저 리그의 첫 흑인 선수의 경기는 아무런 사고 없이 역사의 한 페이지를 장식함. 다저스의 '피 위 리즈'는 인터뷰에서 "사람들에게 우리가 친구라는 사실을 보여주고 싶었습니다."라고 함.

* 요기 베라(Yogi Berra, 1925-2015)

"끝날 때까지 끝난 게 아니다.(It ain't over till it's over.)"

뉴욕 양키스에서 선수생활을 한 선수이자 뉴욕 양키스와 뉴욕 메츠에서 감독. 1948-1962 15시즌 연속 올스타에 뽑힘. 1951, 1954, 1955 아메리칸리그 MVP. 통산타율 0.285. 통산 358개 홈런, 2150개의 안타. 1973년 요기 베라가 뉴욕 메츠의 감독을 수행할 시 뉴욕 메츠는 패배를 거듭하여 리그 최하 위에 머물렀을 때 기자가 "이제 다 끝난 겁니까?"라고 묻자, "끝날 때까지는 끝난 게 아닙니다."라고 말함. 뉴욕 메츠는 그 해 지구 우승을 하여 월드시리즈까지 진출했음.

---

* 세계운동선수 연봉, 광고 수입(2021년, 포브스 발표)

1. Roger Federer(스위스, 테니스) 1억 6백 30만 달러
2. 호날두(포르투갈, 축구) 1억 5백만 달러
3. 메시(아르헨티나, 축구) 1억 4백만 달러
4. 네이마르(브라질, 축구) 9천 5백 50만 달러
5. 르브론 제임스(미국, 농구) 8천 8백 2십만 달러
6. 스테판 커리(미국, 농구) 7천 4백 4십만 달러
7. 케빈 듀란트(미국, 농구) 6천 3백 90만 달러
8. 타이거 우즈(미국, 골프) 6천 2백 3십만 달러
9. Krik Cousins(미국, 풋볼) 6천 5십만 달러
10. Carson Wentz(미국, 풋볼) 5천 9백 10만 달러

37
세계 각국 식사 예절

스페인에서는 빵을 수프에 찍어 먹었다가는 상스럽다는 소리를 들음.
러시아에서는 꽃 선물은 언제나 홀수여야 함.
중국에서는 선물(과일, 빵, 사탕, 술 등)은 짝수로 준비, 벽시계나 탁상시계 금 물, 생선을 뒤집어 먹지 않고 어두는 제일 상석의 사람이 먹음. 술잔은 첨잔을 하며, 잔을 돌리는 습관이 없음.
남아공에서는 식사 중에 눈길이 마주치지 않도록 해야 함.
헝가리에서는 맥주잔을 들고 건배를 외쳐서는 안 됨.(1848년 헝가리혁명을 진압한 오스트리아인들이 맥주잔으로 축배를 든 이후 맥주건배는 하지 않음.)
태국에서는 그릇에 젓가락을 남겨두면 질색을 함.(죽음을 의미하고 어느 자리에서나 음식 값은 가장 부자인 사람이 모두 냄.)
멕시코에서는 초대한 사람이 '맛있게 드세요(Buen provecho: Enjoy your meal)' 할 때까지 기다려야 함. 30분 정도 늦게 도착하는 것이 주인에 대한 예의.
중동에서는 아무 말 없이 먹어야 함. 왼손으로 음식을 건네줘서도 안 됨.
독일에서는 포크로 가능한 많은 음식을 잘라 먹어야 함. 요리가 잘 되었다는 찬사.
캄보디아에서는 후루룩 소리를 내고 입을 쩝쩝대면서 먹는 것이 맛나다는 표시.
몽골에서는 우유 또는 유제품을 쏟는 것은 금기(악운으로 여김).
칠레에서는 손에 나이프 등 날붙이를 들고 얘기하는 것이 엄청난 결례.

미국에서는 음식을 입으로 불어가며 먹는 것을 무례하다고 여김.
이집트에서는 차를 따라줄 때 받침 접시로 넘쳐흐르도록 따라야 하고 다른 사람 식사를 엿봐서는 안 됨.

* 얼굴표정

캘리포니아 심리학교수 앨버트 메리비안에 의하면 커뮤니케이션(첫인상)에서 외모, 표정, 태도 등 시각적인 요인이 55%, 목소리 등 청각적인 요인이 38%, 언어적인 요소가 7%를 차지함.

---

* 이미지 메이킹

1. 리더는 상대가 누구든 경청한 후 말하라.
2. 호스트로서 줄을 선 게스트 들을 맞이하며 인사를 할 때 악수를 나누는 사람 뒤에 대단한 VIP가 왔을 때라도 당신의 시선은 악수하는 사람을 향하고 있어야 한다.
3. 부부 여행 시 호텔방에서 아내가 화장실을 이용할 때는 TV를 틀어 놓아라.
4. 아침에 기상하여 호텔방에 화장실이 한 개 밖에 없다면 당신은 1층 로비의 화장실을 이용하라. 시간을 몇 십 분 절약할 수 있을 것이다.
5. 친한 친구들 사이일지라도 아내와의 성관계 이야기라든가 아내의 부끄러운 행동을 말한다면 친구들은 당신의 아내를 볼 때마다 그 장면을 떠올린다.
6. 유명 스타들은 화장실을 이용할 때는 뒤에 들어오는 사람을 의식하고 강력한 향수를 떨어뜨린다.

* 미국의 가족

미국인이 결혼에 쓰는 비용은 1년에 700억 달러로 애완동물, 커피, 치약, 화장실의 휴지에 쓴 비용을 합친 것보다 많음. 1964년도 18세 이하의 인구 비율은 36%였으나 2015년은 23.5%로 떨어졌고 2050년에는 21%로 떨어질 것으로 예상됨. 중산층 아이가 18세가 될 때까지 써야 하는 돈은 241,080달러임. 태어나는 아기의 41%가 결혼을 하지 않은 커플 사이에서 태어나고 있는데 1970년대에 비하면 배가 증가함. 4년제 대학을 졸업한 여성의 90%는 결혼을 한 뒤 아이를 낳지만 고등학교만 졸업한 여성의 57%는 결혼을 하지 않은 상태에서 출산함. 이혼율은 1996년까지 증가 추세였으나 그 이후로는 하락세를 보이고 현재는 초혼인 사람들의 이혼율은 40%대임. 특히 대학학위를 가진 중산층이나 고 소득 커플 사이의 이혼율은 33% 이하임. 지난 10년 간 동성커플이 아이를 키우는 비율은 두 배가 증가했고 오늘날 현재 동성커플이 아이를 키우는 가구는 10만 가구 이상이고 스탠포드 대학교의 마이클 로젠펠드 교수의 연구결과에 의하면 동성커플이 키우는 자녀들이 학업성적이나 감정적 안정성에서 이성 부모들에 의해 길러지는 아이들과 아무런 차이가 없음을 발표함. 초혼을 하는 평균 연령은 남성 29세, 여성 27세(1970년 대 남성 23세, 여성 21세)임. 가장 빠르게 증가하는 이민자 그룹은 아시아계로 2000-2012년 사이 아시아계 미국인인구는 46%가 증가하였고, 평균 소득은 아시아계 미국인은 6만 8천 달러, 백인 5만 5천 달러, 흑인 3만 4천 달러임.(NYT)

* 미국과 일본의 초등교육

미국은 만 5세, 유치원 1년부터 생활습관과 교육습관에 치중하고 반 아이들과 함께 협력하는 커리큘럼에 치중함. 어릴 적부터 남에게 폐를 끼치지 않는 것은 물론 아이들끼리 다투거나 복도에서 뛰는 일들을 금지시키고, 법과 질서와 규율을 지키는 훈련을 엄격히 시킴. 혼자서 하는 학습이 아닌 집단사고 활동 중심의 학습을 함. 약자를 보호하는 훈련으로 초등교 3년까지는 예를 들어 교실을 나오는 아이들도 여학생이 먼저 나오고 난 뒤 남학생이 나오도록 선생이 회초리를 들고 꾸준히 지켜봄. 유치원, 초등학교 1-3학년 동안은 여러 개의 애국가(patriot song: God Bless America, America, the Beautiful, O Beautiful America 등에서 선택)를 가르치고(매일 아침 수업 시작 전 교실에 계양된 성조기를 보며 각 절을 다 부르고 수업시작), 4-6학년에서는 국가(national anthem: Star-Spangled Banners)를 가르침.

일본의 초등교육의 목적은 전인교육에 치중하면서
1. 건강한 신체와 마음을 가진 아동
2. 타인과 협동하고, 열심히 노력하고, 솔선하는 어린이 배양
3. 올바르게 사고하고 관대한 마음을 가진 아동을 만드는 데 둠

정직, 질서, 배려 교육이 철저하며 공공장소에서는 타인에게 폐를 끼치는 행동을 삼가고 질서를 생활화 하는 방법으로 신발을 항상 똑바르게 정리하는 습관을 철저히 가르침.

한 학교의 초임교사가 벽에 붙여 놓은 학급규칙을 보면
1. 손을 들것
2. 방해하지 말 것
3. 다른 사람을 치지 말 것
4. 정중하고 예의 바를 것. 서로 공유할 것
5. 이야기는 소곤소곤
6. 다른 사람의 소유물을 존중할 것이 쓰여 있음

38
75년간의 연구
(무엇이 건강하고 행복한 삶을 만드는가?)

하버드대가 1938년부터 75년간 724명을 대상으로 한 연구결과를 Robert J. Waldinger 하버드대 의대 교수가 발표, 보통 연구는 10년 이내로 끝나나 수 세대에 걸쳐 연구를 이어 받아 지속한 결과물임. 두 그룹으로 나누어 1. 1차 대전에 참전한 그룹 2. 보스턴 빈민가 지역에서 자란 아이들(추후 의사, 변호사 등 1명은 대통령이 됨.)을 연구함. 결과는 일반적으로 알고 있었던 부자가 되는 것, 유명해지는 것, 높은 성취가 아니었음. 결론은 가족, 친구, 공동체와 좋은 관계인데, 친밀하고 더 따뜻한 관계 즉 좋은 관계가 몸과 뇌를 더 건강하게 지켰다는 것임. 50세에 따뜻한 부부관계를 유지했던 부부가 80세에도 행복했음. 은퇴 후 가장 행복했던 사람들은 직장 동료들과 좋은 친구가 되기 위해 적극적으로 노력했던 사람들이었음. 인간관계의 중요성에 관하여 한 세기 이전의 마크 트웨인은 인생을 돌아보며 "시간이 없다. 인생은 짧기에 다투고 사과하고 가슴앓이 하고 해명을 요구할 시간이 없다. 오직 사랑할 시간만이 있을 뿐이며 그것은 말하자면 한 순간이다."라고 함.

* 조선조 왕의 수명

평균수명 46세, 문종 39세, 성종 38세, 연산군 31세, 효종 41세, 현종 34세, 순조 45세, 27명의 국왕 중 환갑을 넘긴 왕 5명: 태조 73세, 정종 62세, 광해군 66세, 영조 82세, 고종 67세

* 조선조 자식이 많은 왕

태종 29명(16남 13녀) 성종 27명(16남 11녀) 선조 25명(14남 11녀) 정종 23명(15남 8녀) 세종 22명(18남 4녀)

* 중국 역대 황제의 평균 수명

진나라에서 청나라 말까지의 역대 황제들의 평균 수명은 39.2세

39
리더의 중요성
-아테네의 교훈에서-

민주주의의 요람, 소크라테스와 플라톤의 조국 아테네는 BC 5세기에 벌써 시민들의 모임인 민회와 500인의 대표가 모인 평의회도 있었음.

BC490년 페르시아가 2만 명 이상을 동원하여 그리스를 공격하자 마라톤 평원에서 그리스는 중장비 보병 1만 명 병력으로 맞선 결과는 아테네의 승리였고 여기에 또 하나의 경사가 생김. 아테네 인근 광산에서 은이 대량 출토 되어 시민들은 일확천금의 기회였으나 '테미스토 클레스'는 "페르시아는 육지가 아닌 배를 타고 다시 침략해 올 것이다. 미리 배를 만들어 준비해야 한다"는 그의 탁월한 논리와 설득으로 광산의 은을 기반으로 200척의 배를 급히 건조하자 마라톤 전쟁 10년 후 그의 예언은 적중 함. BC480년 살라미스 해전에서 페르시아 680척에 아테네(그리스연합)는 370척으로 대항했음에도 아테네는 해류와 지형을 이용해 페르시아의 배 200척 파손, 아테네는 불과 40척 파손으로 대승을 거둠. 그러나 비극의 시작은 독제의 가능성이 있는 사람의 이름을 써 넣는 도편 추방법(6000명 이상의 이름이 나오면 추방)으로 테미스토 클레스는 국외로 추방. 페르시아가 그를 반겨 주고 그리스를 공격하는 장군으로 임명하자 조국을 배신할 수 없어 자살함.

이후 BC406년 아르기누세 전투에서 스파르타가 120척의 배를 몰고 왔을 때 아테네는 155척을 보내 대항하여 스파르타의 배 70척을 수장하고 아테네는 25척의 파손으로 대승리를 거두게 됨. 아테네 8명의 장군은 승전고를 울리며 귀환하나 영광과 기쁨은 잠시 뿐, 바다에 빠져 숨진 수 백 명의 병사의 가족들은 장군들이 병사들을 방치하여 숨지게 하였다 하여 장군들을 비난하자 장군 들은 "전력을 다하여 싸우느라 구할 시간이 없었다"고 변명하였음에도 시민들과 정치인들이 가세하자 장군 8명을 재판에 회부 모두 사형 판결, 집행 전 모두 아테네 밖으로 망명하였으나 일부는 붙들려 감옥에서 굶어 죽음.

아르기누세 전투 이후 정확히 1년 뒤 170척의 스파르타 배에 맞서 아테네는 180척으로 싸웠으나 아테네의 배 160척이 수장 되는 참패를 당함. 아테네의 장군들은 부하들의 눈치만 볼 뿐 전력을 다해 싸우는 작전을 펼치지 못했음.
결과는 아테네의 많은 시민들은 노예로 스파르타로 끌려가게 되고 그후 그리스의 맹주는 스파르타가 되었다가 BC 4세기 중반 알렉산더 대왕이 등장하면서 스파르타의 영광도 역사 속으로 사라짐.

역사는 합리성과 지혜를 갖춘 강력한 리더들이 있어야 민주주의도 중우정치가 되지 않는다는 교훈을 남김.

40
유명인의 수명

알렉산더 33, 진시황 51, 항우 31, 유방 63, 한니발 64, 제갈공명 53, 칭기즈 칸 65, 나폴레옹 52, 장수왕 98, 김춘추 59, 태종 55, 세종 54, 이순신 53, 류성룡 66, 광해군 66, 영조 82, 고종 68, 워싱턴 67, 링컨 56, 케네디 46, 모택동 82, 주은래 77, 등소평 92, 장학량 103, 처칠 90, 히틀러 57, 카사노바 73, 다케다 신갠 53, 우에스기 겐신 49, 오다 노부나가 49, 도요토미히데요시 62, 도쿠가와 이에야스 75, 사카모도 료마 32

* 음악가

슈베르트 31, 모차르트 35, 멘델스 죤 38, 쇼팽 39, 슈만 46, 베토벤 57, 브람스 64

* 학자와 작가

공자 73, 맹자 83, 퇴계 70, 율곡 49, 이중섭 40, 셰익스피어 52, 괴테 82, 톨스토이 82, 기업가, 이병철 77, 정주영 85, 노벨 63, 메이어 암셀 로스차일드 68, J.P. 모건 76, 록펠러 98, 카네기 84, 마쓰시다 고노쓰게 93, 스티브 잡스 56

* 경제학자

아담 스미스 67, 케인즈 62, 갈 브레이스 97, 제임스 뷰캐넌 94, 하이에크 93, 밀턴 프리드먼 96, 폴 새뮤얼슨 94, 피터 드러커 96, 로날드 코스 103

* 영화배우

마르린 몬로 36, 나탈리 우드 43, 그레이스 켈리 52, 비비안 리 54, 오드리 헵번 63, 잉그리드 버그만 67, 리즈 테일러 79, 진시몬즈 79, 데보라 카 86, 그레타 갈보 84, 제니퍼 존스 90, 제임스 띤 24, 엘비스 프레슬리 42, 몽고메리 클립트 46, 스티브 맥퀸 50, 아란 랏드 51, 로버트 테일러 57, 클라크 케이블 59, 록 허드슨 59, 험프리 보가드 58, 케리 쿠퍼 60, 존 웨인 72, 말 론 브란도 80, 버트 랑카스터 80, 케리 그랜트 82, 폴 뉴먼 83, 오마 샤리프 83, 찰톤 헤스톤 84, 그레고리 펙 87, 벤 존슨 92, 조안 폰테인 96, 도리스 데이 97, 커크 다글라스 103, 올리비어 디 하비랜드 104

* 디자이너

크리스티앙 디오르 52, 이브생 로랑 65

---

* 2022년 현재 생존자

안 마가렛 81, 주리 크리스티 82, 클라우디아 가르디 날레 84, 브리지트 바르도 88, 소피아 로렌 88, 킴 노박 89, 캐롤 베이커 91

지나 롤로브리지다 95, 폴 엥카 81, 로버트 드니로 79, 알 파치노 82, 로버트 레드포드 86, 알랭 들롱 87, 클린트 이스트우드 92

41
간추린 건배사

우아미(우아하고, 아름다운 미래를),

위하여(위기는 없다. 하면 된다. 여러분과 함께라면)

마당발(마음속으로 당신의 발전을 위하여)

청바지(청춘은 바로 지금부터)

여기, 저기(여러분의 기쁨, 저의 기쁨)

모내기(모든 것 내려놓고 기도하자)

마무리(마음먹은 대로 무엇이든지 이룩하자)

오징어(오늘도 징하게 어울리자)

오바마(오직 바라는 대로, 마음먹은 대로)

너의 미소(너그럽게, 의리 있게, 미워하지 말고, 소중하게)

소녀시대(소중한 여러분 시방 대보자 잔을)

사이다(사랑 이 세상 다 바쳐)

변사또(변함없는 사랑으로 또 만납시다)

누나, 언니(누가 나의 편이냐, 언제나 니 편)

이기자(이런 기회를 자주 갖자)

이 멤버, 리 멤버(선창 이 멤버, 후창 리 멤버)

소화제(소통과 화합이 제일)

진통제(진실만이 통하는데 제일)

마취제(마시고 취하는 것이 제일)

(골프 모임)
올 버디(올해는 버릴 것 다 버리고 디기 잘되자)
올 파파(올해도 파이팅, 파이팅)
올 보기(올해는 보람과 기쁨이 가득하기를)

(부부 모임)
당신 멋져(당당하고 신나게 멋지게 져주자)
소(포)취하 당취평(소주(포도주))에 취하면 하루가 가고, 당신에게 취하면 평생이 간다.)
위하여(위대하고 하늘같은 여보를)
여보, 당신(如寶, 當身: 보물과 같은 사람, 당신)

(외국어)
카르페 디엠(현재가 제일 중요)
하쿠나 마타타(걱정하지 말라 다 잘 될 거다. 스와힐리어)
아브라카다브라(말한대로 이루어 지이다. 히브리어)
라피크(먼 길 함께할 동반자. 아랍어)
우분투(우리가 함께 있기에 내가 있다. 아 반투족)

42
사랑의 밀어

프랑스어: 주 부 젬므

독일어: 이히 리베 디히

러시아어: 야 류블류 바스

스페인어: 떼 끼에로

이탈리아어: 띠 아모

포르투갈어: 떼 아무

네덜란드어: 이크 하우트 환 야우

스웨덴어: 여 앨스 까르 데이

중국어: 워 아이 니

인도네시아어: 사야 사양 빠다무

아랍어: 아나 우힙부키

태국어: 폼락쿤

이란어: 만 쇼미러 두스트디람

인도어: 무제 압 쎄 쁘렘 해

터키어: 벤 시지 세비요룸

일본어: 아이시데마스

43
가려 뽑은 암송시

푸르른 날

서정주(1915-2000)

눈이 부시게 푸르른 날은
그리운 사람을 그리워하자

저기 저기 저 가을 꽃자리
초록이 지쳐 단풍지는데

눈이 오면 어이 하리랴
봄이 또 오면 어이 하리랴

네가 죽고서 내가 산다면?
내가 죽고서 네가 산다면?

눈이 부시게 푸르른 날은
그리운 사람을 그리워하자.

임께서 부르시면

신석정(1907-1974)

가을날 노랗게 물들인 은행잎이
바람에 흔들려 휘날리듯이 그렇게 가오리다.
임께서 부르시면...

호수에 안개 끼어 자욱한 밤에
말없이 재 넘는 초승달 처럼
그렇게 가오리다.
임께서 부르시면...

포근히 풀린 봄 하늘 아래
굽이 굽이 하늘가에 흐르는 물처럼
그렇게 가오리다.
임께서 부르시면...

파란 하늘에 백로가 노래하고
이른 봄 잔디밭에 스며드는 햇볕처럼
그렇게 가오리다.
임께서 부르시면...

사랑

장만영(1914-1975)

서울 어느 뒷골목
번지 없는 주소엔들 어떠랴,
조그만 방이나 하나 얻고
순아 우리 단둘이 살자.

숨바꼭질 하던
어릴 적 그때와 같이
아무도 모르게
꼬옹 꽁 숨어서 산들 어떠랴,
순아 우리 단둘이 살자.

아무도 찾아 주는 이 없던 들 어떠랴,
낮에는 햇빛이
밤에는 달빛이
가난한 우리 들창을 비춰줄게다,
순아 우리 단둘이 살자.

깊은 산 바위 틈
둥지 속 산 비둘기처럼
나는 너를 믿고
너는 나를 의지하며
순아 우리 단둘이 살자.

꽃

김춘수(1922-2004)

내가 그의 이름을 불러 주기 전에는
그는 다만
하나의 몸짓에 지나지 않았다.

<u>내가 그의 이름을 불러 주었을 때</u>,
그는 나에게로 와서
꽃이 되었다.

내가 그의 이름을 불러준
것처럼 나의 이 빛깔과 향기에
알맞은 누가 나의 이름을
불러다오
그에게로 가서 나도 그의 꽃이 되고 싶다.

우리들은 모두 무엇이 되고 싶다.
너는 나에게
나는 너에게
잊혀 지지 않는 하나의 눈짓이 되고 싶다.

귀천

천상병(1930-1993)

나 하늘로 돌아가리라
새벽 빛 와 닿으면 스러지는
이슬 더불어 손에 손을 잡고

나 하늘로 돌아가리라
노을 빛 함께 단 둘이서
기슭에서 놀다가
구름 손짓하면은

나 하늘로 돌아가리라
아름다운 이 세상 소풍 끝내는 날,
가서, 아름다웠다고 말하리라

흔들리지 않고 피는 꽃이 어디있으랴

도종환(1955-)

흔들리지 않고 피는 꽃이 어디 있으랴
이 세상 그 어떤 아름다운 꽃들도
다 흔들리면서 피었나니
흔들리면서 줄기를 곧게 세웠나니

흔들리지 않고 가는 사랑이 어디 있으랴

젖지 않고 피는 꽃이 어디
있으랴 이 세상 그 어떤 빛나는
꽃들도 다 젖으며 피었나니
바람과 비에 젖으며
꽃잎을 따뜻하게 피웠나니

젖지 않고 가는 삶이 어디 있으랴

우리 살아가는 날 동안

용혜원(1952-)

우리 살아가는 날 동안
눈물이 핑 돌 정도로
감동스러운 일들이 많았으면 좋겠다.

우리 살아가는 날 동안
가슴이 뭉클할 정도로
감격스러운 일들이 많았으면 좋겠다.

우리 살아가는 날 동안
서로 얼싸 안고
기뻐할 일들이 많았으면 좋겠다.

너와 나 그리고 우리
모두에게 온 세상을 아름답게
할 일들이 많았으면 정말 좋겠다.

우리 살아가는 날 동안에…

풀꽃

나태주(1945-)

자세히 보아야 예쁘다
오래 보아야 사랑스럽다.
너도 그렇다.

별이 빛나지 않는가 의심할 지라도

셰익스피어(1564-1616)

Doubt thou the stars are fire;
Doubt that the sun doth move;
Doubt truth to be a liar;
But never doubt I love.
(별이 빛나지 않는가
의심하고
태양이 돌지 않는가
의심하고
진실이 허위가 아닌가 의심할 지라도
그대여 의심하지 마오 나의 사랑만은)
-햄릿 중에서-
(햄릿이 오필리아에게)

Splender in the grass(초원의 빛)

윌리암 워즈워스(1770-1850)

Though nothing can bring back the hour
of splender in the grass,
of glory in the flower
We will grieve not, rather find
Strength in what remains behind.
(초원의 빛, 꽃의 영광이여,
비록 다시 돌려지지 않는다 할지라도
서러워 하지 말지어다.
차라리 그 속 깊이 숨어
있는 오묘한 힘을 찾으리.)

For whom the bell tolls(누구를 위하여 종은 울리나)

존 던(1572-1631)

Each man's death diminishes me,
For I am involved in mankind.
Therefore, send not to know For whom the bell tolls.
It tolls for thee.
(어느 누구의 죽음도 나를 감소시킨다.
왜냐하면 나는 인류에 포함되기 때문이다.
그러므로 누구를 위하여 종이 울리는 가를 묻지를 마라.
종은 그대를 위하여 운다)

지금

차알스 H. 스펄전

지금 하십시오
할 일이 생각나거든 지금 하십시오
오늘 하늘은 맑지만
<u>내일은 구름이 보일런지 모릅니다.</u>
어제는 이미 당신의 것이 아니니, 지금 하십시오

친절한 말 한마디가 생각나거든 지금 하십시오
<u>내일은 당신의 것이 안 될지도 모릅니다.</u>
사랑하는 사람은 언제나 곁에 있지 않습니다.
사랑의 말이 있다면 지금 하십시오

미소를 짓고 싶거든 지금 웃어주십시오
당신의 친구가 떠나기 전에
장미는 피고 가슴이 설레일 때
지금 당신의 미소를 주십시오

불러야 할 노래가 있다면 지금 부르십시오.
당신의 해가 저물면 당신의 노래를 부르기엔 너무 늦습니다.
당신의 노래를 지금 부르십시오.
- 가슴 뛰는 삶 중에서 -

Do it now

Charles Haddon Spurgeon

Do it now.
If you hit on something to do, do it now.
Although you can see a clear sky today,
However, the cloud may be seen tomorrow.
As yesterday is not yours yet, so do it now.

If a compliment come across to your mind, say it now.
Because, Tomorrow may not be yours.
The dear person is not always with you.
When you have a word of love, say it now.

If you want to smile, smile now.
When a rose blooms and your heart throbs,
give your smile before your friend go away.

If you have the song you want to sing, sing it now.
It might be too late to sing when it is dusky.
Sing your song now.

* **차알스 H. 스펄전(1834-1892)**

19세기 영국의 유명 목회자. 1857. 10. 7. 런던의 크리스털 궁(1936년 화재로 소실)에서 23세의 스펄전은 23,654명의 청중을 모아놓고 설교(마이크가 없던 시절), 빅토리아 여왕이 그의 설교를 듣기위해 변장을 하고 교회에 오기도 했다는 소문이 있음.

* **두 번은 없다**

-비스와바 쉼보르스카(1923-2012)-
폴란드 여류시인, 1996 년 노벨문학상 수상.

두 번은 없다. 지금도 그렇고
앞으로도 그럴 것이다. 그러므로 우리는 아무런 연습 없이 태어나서
아무런 훈련 없이 죽는다.

<u>반복되는 하루는 단 한 번도 없다</u>. 그러므로 아름답다.

색인

1초 동안에 58
100년 이상 된 기업 수 78
1만 시간의 학습 93
6세 때 책 읽어주기 105
2022년 현재 생존자 121
banco 89
Do it now 135
For whom the bell tolls 133
ITER 104
Splender in the grass 133

ㄱ

가시고기 30
가장 비싼 휴대품 36
경제학자 120
계피 56
강태공 66
고대 바빌로니아 왕국 15
고등 교육을 받지 못한 인물 45
고령화 사회 44
구두 37
국가별 셰일가스 매장량 80
국제 핵융합 실험로 104
귀천 129

그레이엄 벨 26
글로벌 엘리트들이 가고 싶어 하는 곳 93
꽃 128
기차의 역사 68

ㄴ

뉴욕의 연방준비은행 54

ㄷ

덕천가강 유훈 54
독서율과 국가 경쟁력 순위 61
돈과 은행 48
돈의 회전 32
두 번은 없다 136
두산그룹 78
디자이너 121

ㄹ

라스베이거스 44
람세스 2세 15
러시모어산 미 대통령 조각상 42
레드우드 94

로로 피아나 35
로만 아브라모비치 59
로이드 보험 28
로즈 장학금 87
롯데월드타워 51
리듬 92

ㅁ

만년필 37
매일 1%씩 나아지라 93
명언 46
매출액 순위 (2022년 현재) 100
맹사성 49
맥도날드 98
모소 대나무 31
문자 14
물질의 탄생 8
미국 40
미국의 '1대 99' 62
미국과 일본의 초등교육 114
미국의 가족 114
미 CEO 최고 연봉 96
미 워싱턴 대통령 74
미래 기술의 핵심 106
미, 이스라엘 공공정책위원회 88

ㅂ

바구니와 직물 11
바퀴의 역사 11

버큰헤드 호의 전통 28
'별이 빛나지 않는가 의심할 지라도' 132
보이저 1호 106
베르사유 궁전 22
보험회사 28
볼링의 킹 핀 93
부가티57SC 아틀란틱 36
브리오니 35
브루나이 국왕 61
비행기의 역사 68
비싼 양복 34
비행기의 일등석 108
비행기의 Critical time 과 항로 설정 108
빌헬름 뢴트겐 25

ㅅ

사랑 127
사사가와 평화재단 88
사이토 다카오 54
삶 이후의 삶 연구가 이안 스티븐슨 107
생태계 파괴하지 않을 적정 인구 92
생택쥐페리 90
성 베드로 성당 20
선물거래 84
선율 92
설탕의 값 84
성공과 실패 93
세계의 억만장자 순위 97
세계운동선수 연봉, 광고 수입 111
셰일 가스 79
손문 19

손자 75
숫자 14
스타벅스 98
스티븐 슈워츠만의 60회 생일파티 32
신다신 목사 18
싱어 51
시계 37

ㅇ

아이젠하워 94
아테스토니 37
아톨리니 35
안드레이 멜리첸코 59
안전모 발명자 55
안토니오 무치 26
알루미늄 식기와 나폴레옹 3세 34
알리세르 우스마노프 60
알프레드 노벨 24
앤디 워홀 91
앨런 튜링 70
야구의 본루 도루 109
약소국과 강대국의 싸움 45
얼굴표정 113
에스턴마틴 36
엔리코 카루소 34
여자들의 귀걸이 82
여자들의 립스틱 82
연대측정법 11
연애의 양과 질 81
연어 71
영 여왕 왕관의 '코이누르' 29

영화배우 121
오기 76
요기 베라 111
우리 살아가는 날 동안 131
워싱턴 국회의사당 23
워싱턴 탑 23
월도프 호텔 가장무도회 31
월마트 99
웹 개발자: 팀 버너스 리 107
위대한 조연 '피 위리즈' 110
유니언잭 55
유로 42
유명기업 99
율리시스 S. 그랜트 72
은행 89
음악가 120
이미지 메이킹 113
이스트먼 코닥 100
인공 강우탄 104
인공지능과 인간 105
인더스 문명 14
인류 최초의 신전 '괴베클리' 10
인류의 주소 8
인류의 탄생 10
인터넷의 역사 69
일본 42
임께서 부르시면 126

ㅈ

자동차 36
자동차의 역사 67

자기 84
장강(창강) 57
장학생 44
재키 로빈슨 110
쟁기의 역사 10
전기의 역사 67
전화의 역사 67
전길남 70
제록스 101
제3세계의 등장 19
전인지 101
전쟁 45
제타바이트 105
조선조 왕의 수명 116
조선조 자식이 많은 왕 117
존 롭 37
중국 역대 황제의 평균 수명 117
즐거운 나의 집 71
중요 국가의 존속기간 66
지구 8
지구 주위 위성들의 직경 8
진독수 19
지금 134

ㅊ

차알스 H. 스펄전 136
천축잉어 30
최초의 과실수 11
최초의 우주비행 49

ㅋ

카라치니 35
카메라 37
캘리포니아와 플로리다 44
커피의 종류 33
컴퓨터의 역사 69
케인즈 18
크루아상 47

ㅌ

타이어 44
타이타닉 호의 최후 순간 27
타히티의 흑진주 34
토마스 파 47
토막상식 102

ㅍ

파나마 운하 58
파레토의 법칙 101
파리대학교 86
파리의 '라투르다장' 식당 38
파바로티 91
파베르제의 달걀 60
페라리 36
페리호 85
파나맥스 58
포스트-파나맥스 58
포경업 85
폴란드 반소폭동 19

푸르른 날 125
풀꽃 132
피라미드 13

ㅎ

학자와 작가 120
한 표의 차이 48
한국의 금모으기 46
한 가족의 연간 자원소비 46
헝가리 반소폭동 19
허드슨 강의 기적 109
헨리 포드 53
호화로운 파티 31
환어음 취급 83
황허강 57
황제 펭귄 30
후추의 값 84
히든 챔피언 45
히말라야 등정 102
히말라야 봉우리 13